Heinz Schumacher
Barmherzig und gnädig ist der Herr

W0087941

Barmherzig und gnädig ist der Herr

Die biblische Botschaft von der Gnade – der huldvollen Herabneigung und Zuwendung Gottes

Von Heinz Schumacher

Paulus-Paperback Band 28

Paulus-Verlag Karl Geyer Heilbronn

»Barmherzig und gnädig ist der Herr,
geduldig und von großer Güte.«

(Ps. 103, 8 nach Luther)

»Du aber bist ein Gott der Vergebung, gnädig und barmherzig, langsam zum Zorn und groß an Güte . . .«

(Neh. 9, 17 Elbf.)

». . . wenn ich nur meinen Lauf vollende und den Dienst,
den ich von dem Herrn Jesus empfangen habe: zu bezeugen
das Evangelium der Gnade Gottes.«   (Apg. 20, 24)

»Der Gott aller Gnade aber, der euch berufen hat . . ., Er
selbst wird euch vollbereiten, stärken, kräftigen, gründen.«

(1. Petr. 5, 10)

Die Bibelstellenzitate in diesem Buche folgen verschiedenen Übersetzungen (Lutherbibel, Elberfelder Bibel, Kommentarwerke u. a.). Daher wird auch der Gottesname
JHWH verschieden wiedergegeben: als Jahweh, Jehovah oder Herr.

Copyright 1987 by Paulus-Verlag Karl Geyer,
Goethestraße 38, D-7100 Heilbronn

Herstellung: St. Johannis-Druckerei, 7630 Lahr 12
ISBN 3-87618-091-0
Printed in Germany · 23487/1987

Inhalt

Einleitung

Die frohe Botschaft von der Gnade Gottes ist ein zentrales biblisches Thema. An Hunderten von Stellen sprechen die biblischen Schreiber von Gottes Gnade, Güte, Huld und Barmherzigkeit. Schon im Alten Testament wird betont: Gott ist langsam zum Zorn und groß an Güte (oder: reich an Gnade). (Man lese dazu, falls vorhanden, nach der Elberfelder Übersetzung, die Stellen 2. Mose 34, 6; 4. Mose 14, 18; Neh. 9, 17; Ps. 86, 15; 103, 8; 145, 8; Joel 2, 13; Jona 4, 2). – Noch klarer ertönt die Gnadenbotschaft im Neuen Testament. Da wird uns im Johannesevangelium gesagt (1, 16. 17): »Aus Seiner Fülle haben wir alle genommen Gnade um Gnade. Denn das Gesetz ist durch Mose gegeben; die Gnade und Wahrheit (Gotteswirklichkeit) ist durch Jesus Christus geworden.« – Mit ganz besonderem Nachdruck und Tiefgang aber bezeugt der Apostel Paulus in seinen Briefen im Auftrag des erhöhten Herrn das »Evangelium der Gnade Gottes«. Hier finden wir die Verkündigung einer absoluten, bedingungslosen, an keinerlei Leistung des Geschöpfes gebundenen freien und souveränen Gnade Gottes, die zugleich eine schrankenlose, uferlose, zuletzt alle und alles umfassende Gnade ist. Sie ist jedoch niemals zu verwechseln mit einer »billigen Gnade«, denn ihr Wirken schließt Gottes ernste und strenge Gerichte, schließt die Notwendigkeit von Buße, Umkehr, Demütigung und Zerbruch nicht aus, sondern ein! Ehe Paulus das »*Evangelium der Herrlichkeit des glückseligen Gottes*« verkündigt (1. Tim. 1, 11), bezeugt er grundlegend das »*Evangelium der Gnade Gottes*«, das ihm vom Herrn Jesus aufgetragen worden ist. Es erstickt im Keim jedes menschliche Rühmen, gibt Gott allein die Ehre und wird denen zuteil, die auf sich selbst und auf eigene Erlösungsbemühungen keinerlei Hoffnung mehr setzen, sondern allein auf Gott in Christus Jesus hoffen.

Gerade Menschen, die im christlichen Raum aufgewachsen sind und schon in frühester Jugend von Gottes Gnade und Vergebung hörten – ohne zuvor die unbarmherzige Härte des Gesetzes und die unerbittliche Strenge der Gerichte Gottes selber durchlebt und durchlitten zu haben –, stehen in Gefahr, Gottes Gnade mißzuverstehen. Sie halten sie beinahe für etwas Selbstverständliches; die Gnadenbotschaft »reißt sie nicht vom Stuhl«; sie ist ja »nichts Neues« und befriedigt ihre Sensationsgier nicht; sie reagieren beinahe enttäuscht auf eine Predigt, die »nur« die »Gnade« bringt und warten gespannt auf interessantere Themen! Hier wird die mißverstandene Gnade tatsächlich als »billige Gnade« gewertet; man übersieht völlig, daß man von der Gnade lebt und sie täglich braucht und vielleicht im praktischen Leben großen Mangel daran hat! Für solche Menschen ist die Gnadenbotschaft geradezu langweilig; man ruht auf einer Gnade aus, die man als festen Besitz ja längst zu haben meint; hier besteht auch die große Gefahr, auf Gnade hin zu sündigen – denn Gott ist ja der, der gerne vergibt!

Wie ganz anders haben Paulus oder Martin Luther Gottes Gnade als gewaltige Befreiung erlebt! Sie kamen von Gesetzesknechtschaft und Verdienstdenken her – der eine im Judentum, der andere im Katholizismus. Sie hatten gelernt – ein jeder in seiner Zeit und Umgebung –, vor Gott zu erschrecken und zu zittern. Dann fiel die Gnade Gottes als ein heller Schein und als erlösende Liebe in ihr Leben.

Uns selber aber fragt dieses Thema:

Sind auch wir schon »eingeschlafen« auf dem »Ruhekissen« der vermeintlich altbekannten, nur allzu vertrauten Gnadenbotschaft? – Haben auch wir Gottes Gnade, Vergebung, Rechtfertigung, Barmherzigkeit – und wie die damit zusammenhängenden Eigenschaften und Wirkungen alle heißen mögen – aus der Spannung »*Gesetz und Gnade*« bzw. »*Gericht und Gnade*« herausgelöst und uns für uns selber ein »Gnadenevangelium« zurechtgelegt, in dem Gottes Forderungen, Demütigungen, Züchtigungen und Gerichte nicht mehr vorkommen? – Tritt dann einmal Leid und Not und Züchtigung ins Leben, so kann man (ähnlich wie die »Welt«) höchst verwundert fragen, wieso der »liebe Gott«, der »gnädige Gott« einem derartiges antun bzw. es zulassen könne. Dabei ist aber in der Bibel der *gnädige Gott* immer auch der – mit Maßen und aus Liebe – *züchtigende Gott*. Haben wir das vergessen?

Auch uns gilt: Nur den *Demütigen* (Elenden, Gerichteten, Schwachen, Geängstigten, an sich selbst Enttäuschten und alles nur noch von IHM Erwartenden) gibt Gott Gnade (Spr. 3, 34; Jak. 4, 6; 1. Petr. 5, 5).

Ob die Menschen unserer Tage, erfüllt von Atombombenängsten, Krankheitsängsten und mancherlei Depressionen, es nicht bitter nötig haben, das *»Evangelium der Gnade Gottes«* zu vernehmen? Ob es nicht auch für viele Gläubige gut ist, diese Botschaft *neu* zu hören, *biblisch* zu hören? Dabei geht es weder um Selbstverständlichkeiten noch um »billige Gnade«! Es geht um das Wunder der Selbstoffenbarung Gottes; es geht darum, daß der heilige und gerechte Gott, an dessen Normen wir uns nicht vorbeistehlen können, ja der »große und furchtbare Gott« der Weltgeschichte und der Weltgerichte, der Israels Zerstreuung und teilweise physische Vernichtung ebenso zugelassen hat wie die atomare Bedrohung der Völkerwelt unserer Tage, zutiefst und zuletzt der *»Gott aller Gnade«* ist – für dich, für mich, für die Gemeinde Gottes, für Israel, für alle Menschen.

Hierüber laßt uns im folgenden in 40 Punkten anhand der Schrift einmal nachsinnen!

Gnade als Wesensoffenbarung Gottes

1. Grundbegriffe der Ursprachen

Gottes Gnade ist Seine huldvolle Herabneigung zu uns Menschen, Seine Zuwendung zu uns. So wie ein Kind nicht gedeihen kann, wenn es keine Zuwendung der Eltern oder anderer Menschen erfährt – kein Ansprechen, Betreutwerden, Umsorgtwerden –, so ist auch für ein Gotteskind die Gnade Gottes lebenswichtig. Es lebt von der Gnade, der göttlichen Herablassung, Zuwendung, Hilfe und Rettung.

Gottes Gnade »muß aus der Wesensoffenbarung Gottes heraus erfaßt werden« (H. Langenberg). Sie strömt aus Seiner Liebe! Sie offenbart sich bereits in Seiner Schöpfertätigkeit (Ps. 136, 5–9) sowie in der Erhaltung der Welt (Ps. 136, 25), vor allem jedoch in Seinem **Heilshandeln**, wozu aus alttestamentlicher Sicht wesentlich die Errettungen und Bewahrungen gehören, die **Israel** immer wieder erfuhr – bei gleichzeitigem Gericht an Israels Feinden (Ps. 136, 10–22), während aus neutestamentlicher Sicht Gottes Gnade im Heilshandeln Gottes durch **Jesus Christus** geoffenbart wurde.

Im Alten Testament sind es vor allem zwei Wortgruppen, die Gottes Gnadenreichtum bezeugen. Die große Spannweite, die vielen hebräischen Grundbegriffen eigen ist, läßt jeweils mehrere Übersetzungsmöglichkeiten zu:

a) Das Wort **chen** bedeutet **Gnade, Gunst, Geneigtheit,** auch Anmut, Schönheit, liebliches Wesen; das entsprechende Tätigkeitswort heißt **chanan = sich beugen, geneigt sein, gnädig sein, sich erbarmen;** als zugehöriges Eigenschaftswort finden wir **channun = barmherzig, gnädig.**

b) Der Ausdruck **chäsäd** kann mit **Güte, Gnade, Liebe, Gunst, Wohlwollen, Huld, Barmherzigkeit** übersetzt werden. Jüdische Übersetzer sagen gern **Liebe** (z. B. Tur-Sinai und Zunz in Psalm 136; die Elberfelder Bibel übersetzt hier wie Luther mit »Güte«, die Einheitsübersetzung sagt »Huld«); an manchen Stellen gibt Luther das Wort chäsäd mit Barmherzigkeit (1. Mose 32, 11; 21, 23; 4. Mose 14, 18; Josua 2, 14) oder Gnade wieder (2. Mose 34, 6; Ps. 103, 4; 115, 1;

Jes. 55, 3 u. a.). Der Begriff chäsäd soll in dieser Arbeit, obwohl zumeist von den Übersetzern mit »Güte« wiedergegeben, ebenfalls beachtet werden. Verwandt mit chäsäd ist das Eigenschaftswort **chasid = liebreich, gütig.**

Im Neuen Testament ist es das griechische Wort **charis** (verwandt mit **chara,** der Freude), das Gottes **Gnade** (Gunst, Huld, Wohlwollen, Gnadengut, Gnadentat, Gnadenstand, Dank) an weit über hundert Stellen bezeugt. Ihm entspricht das Zeitwort **charizomai = aus Gnaden schenken.**

2. Gott ist gnädig und barmherzig

»Gnädig und barmherzig ist der Herr!« – Dies ist keineswegs erst eine neutestamentliche Erkenntnis, nach vollbrachtem Erlösungswerk Jesu Christi ausgesprochen, nein, dies wird gerade im Alten Testament zu wiederholten Malen betont.

Als Mose zum zweitenmal 40 Tage und 40 Nächte bei Gott auf dem Berge war, um die zwei steinernen Tafeln des Gesetzes, beschrieben mit dem Finger Gottes, aus Seiner Hand zu empfangen (2. Mose 34, 28; 31, 18), ereignete sich eine grundlegende Wesensenthüllung Jehovahs vor Mose für Israel. Der Herr selbst stieg in einer Wolke hernieder und stellte sich neben Mose. Er zog dann mit Seiner ganzen Güte und Herrlichkeit an Mose vorüber, der solange, von Gottes Hand beschirmt, in einer Felsenkluft Zuflucht fand, weil das Schauen des Angesichts Gottes seinen Tod bedeutet hätte. Im Vorüberziehen Seiner Herrlichkeit rief der HERR vor Mose Seinen Namen aus. Nach Tur-Sinai lauten die entsprechenden Verse 5–7 in 2. Mose 34: »Da stieg der Ewige in der Wolke hernieder und stellte sich dort neben ihn und rief den Namen ›Ewiger‹ aus. Und der Ewige zog an seinem Angesicht vorüber und rief: ›Ewiger, Ewiger, Gott, barmherzig und gnädig, langmütig und reich an Liebe und Treue. Der Liebe bewahrt tausenden (Geschlechtern), der vergibt Schuld und Missetat und Sünde, der aber nicht ungestraft läßt; der die Schuld der Väter bedenkt an den Kindern und Kindeskindern bis in das dritte und vierte Geschlecht.« – Der Anfang dieser göttlichen Namens- und Wesensenthüllung (V. 6) lautet in der Elberfelder Bibel: **»Jehovah, Jehovah, Gott, barmherzig und**

gnädig, langsam zum Zorn und groß an Güte und Wahrheit«, während die Lutherbibel sagt: »HERR, HERR, Gott, barmherzig und gnädig und geduldig und von großer Gnade und Treue.«

Es wird hier also ausgedrückt, daß Jehovah (oder: Jahweh), der Seiende, Ewige und Unveränderliche, in Seinem Wesen barmherzig und gnädig ist. Dies wirkt sich in Seinem Verhalten so aus, daß Er **langsam, zögernd und zurückhaltend** ist, was **Zornesschnauben und Zornesergüsse** betrifft, und immer wieder Gnadenfristen und Bußgelegenheiten gewährt; daß Er sich hingegen als **groß, reich und überströmend** erweist hinsichtlich Seiner **Güte** (Gnade, Gunst, Wohlwollen, hebräisch: chäsäd) und **Treue** (Zuverlässigkeit, Beständigkeit, hebräisch: ämäth).

Auf diese Charakterbestimmung Gottes in 2. Mose 34, 6 wird in der Bibel im Verlauf der Geschichte Israels immer wieder mahnend, tröstend oder Gott bittend Bezug genommen:

Als Mose die 12 Kundschafter ins Land der Verheißung ausgesandt hatte, kehrten sie bald darauf mit der Feststellung zurück: »Wir vermögen nicht gegen das Volk hinaufzuziehen, denn es ist stärker als wir.« Das ganze Volk weinte und murrte. Nur Josua und Kaleb, in denen ein anderer Geist wohnte, der »Geist des Glaubens und der Stärke«, sagten: »Wenn Jehovah Gefallen an uns hat, so wird Er uns in dieses Land bringen« (4. Mose 13, 31; 14, 8. 24). Gott droht daraufhin dem ganzen widerspenstigen Volk die Vertilgung an (14, 12). Mose aber tritt für das Volk ein, indem er Gott an Seine Wesensenthüllung erinnert, die er in der Felsenkluft gehört hatte (man vergleiche 4. Mose 14, 17–18 mit 2. Mose 34, 6–7). Unter Berufung darauf bittet er Gott um Vergebung für das ungläubige Volk und wird erhört, was jedoch eine Strafe nicht ausschließt (4. Mose 14, 19–23). Dies entspricht genau dieser göttlichen Selbstoffenbarung, in der es ja heißt: Gott **vergibt** zwar Schuld und Sünde, läßt aber **nicht ungestraft.** – Erst viel später trat ja der auf, von dem Jesaja 53, 5 bezeugt: »Die Strafe liegt auf Ihm, auf daß wir Frieden hätten.«

Auch in dem großen Bußgebet der Zurückgekehrten in den Tagen Nehemias wird die Widerspenstigkeit Israels beklagt und die Gnade und Barmherzigkeit Gottes gerühmt: »Aber sie, nämlich unsere Väter, waren übermütig, und sie verhärteten ihren Nacken und hörten nicht auf Deine Gebote. Und sie weigerten sich zu gehorchen und gedachten nicht Deiner Wunder, welche Du an ihnen getan hattest; sie verhärteten ihren Nacken und setzten sich in ihrer Widerspenstigkeit ein Haupt, um zu ihrer Knechtschaft zurückzukehren. Du aber bist ein Gott der Vergebung, gnädig und barmherzig, langsam zum Zorn und groß an Güte, und Du verließest sie nicht ... In Deinen großen Erbarmungen hast Du ihnen nicht den Garaus gemacht und sie nicht verlassen; denn Du bist ein gnädiger und barmherziger Gott« (Neh. 9, 16. 17. 31). Auch Psalm 106, 7 preist die »Menge Seiner Gütigkeiten« angesichts Seines widerspenstigen Auswahlvolkes: »Unsere Väter in Ägypten beachteten nicht Deine Wundertaten, gedachten nicht der Menge Deiner Gütigkeiten und waren widerspenstig am Meere, beim Schilfmeere.«

Fürwahr, Israel murrte schon bald, nachdem es das Siegeslied der Errettung angestimmt hatte, weil das Wasser von Mara bitter war (2. Mose 15). Es murrte in der Wüste Sin und wäre am liebsten zu den Fleischtöpfen Ägyptens zurückgekehrt (16, 1–3). Nach dem Aufbruch aus dieser Wüste murrten die Israeliten erneut bei Rephidim, weil kein Trinkwasser da war (17, 1–4). Immer wieder beklagten sie sich auf dem Wüstenzug, wurden lüstern und sehnten sich nach Ägypten zurück, wo wenigstens, wie es scheint, die Fleischzuteilung und Wasserversorgung vorzüglich geklappt hatte (4. Mose 11, 1–5). Sie murrten ob der schlechten Kunde der Kundschafter (4. Mose 14, 1–4. 10) und nach der Vertilgung der Rotte Korahs durch ein Gottesgericht (16, 41). Auch durch Jesaja und andere Propheten beklagt sich Gott bitter über Israels sündiges, widerspenstiges, untreues Wesen (s. Jes. 1). Doch die Güte und Langmut Gottes ertrug und verschonte sie immer wieder, bis die Gerichtsreife erreicht war.

Psalm 116, 5 fügt Gottes Gnade und Barmherzigkeit noch Seine **Gerechtigkeit** hinzu und sagt: »Gnädig ist Jehovah und gerecht, und unser Gott ist barmherzig.« Der biblische Gnadenbegriff bedeutet nämlich nie, daß Seine Gnade im Gegensatz zu Seiner Gerechtigkeit stünde! »Gott läßt nicht Gnade vor Recht ergehen, sondern Er ist gnädig, weil Er gerecht ist, und gerecht, weil Er gnädig ist« (H. Langenberg, Biblische Begriffskonkordanz). Wie ist solches aber möglich? Fordert die Sünde des Sünders nicht dessen Tod? Muß der gerechte Gott den Sünder nicht strafen? Ja, Gott **vergibt und straft**, wie wir schon gesehen haben. Während nun die **Gerechtigkeit des**

Gesetzes den Tod des Sünders als Strafe verlangt – selbst dann, wenn ihm vergeben wurde, weiß die **Gerechtigkeit des Evangeliums** (die im eigentlichen Sinne »Gottes Gerechtigkeit« ist) um das **Geheimnis der Stellvertretung.** Auch hier fordert Gottes Gerechtigkeit den Tod – aber **Er selbst** nimmt in Christus Jesus am Kreuz das Todesurteil auf sich, und der Sünder kann somit Vergebung und Straßerlaß finden.

Immer wieder rühmen die Psalmisten Gott als den Gnädigen und Barmherzigen (Ps. 86, 15; 103, 8; 111, 4). Auch in Psalm 145, 8 wird – von David – der vor Mose in der Felsenkluft ausgerufene Name Gottes zitiert und damit Seine Wesensenthüllung von David bestätigt: »Gnädig und barmherzig ist Jehovah, langsam zum Zorn und groß an Güte.« Dieser 145. Psalm preist in auffallender Weise Gottes Gnade und Barmherzigkeit gegenüber **allen** Seinen Werken und zu **aller** Zeit, es ist geradezu ein »Allerbarmer-Psalm«:

»Jehovah ist gut gegen **alle,** und Seine Erbarmungen sind über **alle** Seine Werke. Es werden Dich loben, Jehovah, **alle** Deine Werke, und Deine Frommen Dich preisen. Dein Reich ist ein Reich **aller** Zeitalter, und Deine Herrschaft durch **alle** Geschlechter hindurch. Jehovah stützt **alle** Fallenden und richtet auf **alle** Niedergebeugten. **Aller** Augen warten auf Dich, und Du gibst ihnen ihre Speise zu seiner Zeit. Du tust Deine Hand auf und sättigst **alles** Lebendige nach Begehr. Jehovah ist gerecht in **allen** Seinen Wegen und gütig in **allen** Seinen Taten. Nahe ist Jehovah **allen,** die Ihn anrufen, **allen,** die Ihn anrufen in Wahrheit« (145, 9. 10. 13–8).

Zuletzt wird alles Fleisch Seinen heiligen Namen preisen, doch zuvor führt der Herr alle Gesetzlosen durch Gericht: »Jehovah bewahrt **alle,** die Ihn lieben, und **alle** Gesetzlosen vertilgt Er. Mein Mund soll das Lob Jehovahs aussprechen, und **alles** Fleisch preise Seinen heiligen Namen immer und ewiglich!« (145. 20. 21).

Weil Gottes Liebe und Güte viel stärker sind als Sein Zorn, und weil Gottes Zorn Sein innerstes Wesen **verhüllt,** während Seine Liebe Sein Wesen **enthüllt** (Klagelieder 3, 43; 1. Joh. 4, 8), deshalb dürfen wir tatsächlich – trotz allem grauenhaften Gerichtsgeschehen – letztlich wissen und festhalten: »Jehovah ist gut gegen **alle,** und **Seine Erbarmungen sind über alle Seine Werke.«** Bestätigt der Apostel Paulus dies nicht in Römer 11, 32 bezüglich aller Menschen?! Und so wird auch Psalm 145, 14 einmal im Vollumfang seine Verwirklichung erfahren:

»Jehovah stützt **alle** Fallenden und richtet auf **alle** Niedergebeugten.« Jeder Glaubende aber darf schon heute in Stunden des Niedergebeugtseins oder Niedergefallenseins dieses Trostwort um Jesu willen für sich in Anspruch nehmen.

Noch mitten im Gericht bringt sich Gott in Joel 2, 13 als der in Erinnerung, zu dem man von ganzem Herzen umkehren darf und soll; denn »Er ist gnädig und barmherzig, langsam zum Zorn und groß an Güte und läßt sich des Übels gereuen.« Wird eine Gnadenfrist genutzt, so kann ein drohendes Strafgericht verschoben, abgemildert oder ganz abgewendet werden, oder ein schon laufendes Gerichtsgeschehen kommt zu seinem Ende.

Als aber die Leute von Ninive eine solche Verschonung tatsächlich erlebten, verdroß es den »frommen« Propheten Jona, der sie zur Buße gerufen hatte, gar sehr. »Das habe ich ja immer gewußt«, so dachte er, »daß Du ein gnädiger und barmherziger Gott bist, langsam zum Zorn und groß an Güte« (Jona 4, 2). Nein, wenn Du denen in Ninive so gnädig bist – den Heiden und Feinden Israels –, dann will ich lieber sterben als leben (4, 3). Soll etwa die gleiche Gnade und Langmut Gottes, die Israel immer wieder erfuhr, auch den Heidenvölkern zuteil werden? Das darf nicht sein! Der gleiche Unmut über die alles umfassende Weite der Güte und Langmut Gottes schlug später dem Apostel Paulus auf seinen Reisen zu den Nationen von jüdischer Seite entgegen.

Gott ist **langsam zum Zorn**. Er ist aber nicht **langsam im Zorn**; vielmehr beeilt Er sich im Gericht oder kürzt es gar ab (Röm. 9, 28; Matth. 24, 22). Ehe aber das Gericht losbricht, warnt Er, mahnt Er, wartet Er ab und baut Er Verzugszeiten, Gnadenfristen, Bußgelegenheiten in den Ablauf Seines Planes ein. 19 Jahre Gnadenfrist bekamen die Juden in den Tagen Nebukadnezars, zwischen seinem ersten Zug und seinem dritten Zug wider Jerusalem (606–587 v. Chr.). 12 Monate Zeit zur Umkehr gewährte Gott Nebukadnezar persönlich, ehe ihm das angedrohte Gericht des Wahnsinns widerfuhr (Dan. 4, 29). 40 Tage gewährte Er Ninive. »Laß ihn noch dieses Jahr«, bittet der Weingärtner in Lukas 13, 8 den Weinbergbesitzer für den unfruchtbaren Feigenbaum Juda; damit erfleht er den Zeitgenossen Jesu eine letzte Gnadenfrist. Auch die sogenannte »Parusieverzögerung«, also die vom Unglauben bespöttelte Tatsache, daß Jesus Christus bis heute noch nicht wiedergekommen ist, hängt damit zusammen, daß Gott »langsam zum Zorn« ist und immer wieder Gelegenheiten zur Umkehr bietet, ehe der »Tag Seines Zornes« losbricht. Erst wenn der starke Engel von Offenbarung 10, 1–7 inmitten der letzten Jahrwoche (Dan. 9, 27) sein Wort geredet und seinen Schwur getan hat, wird **keinerlei Verzug mehr sein,** wird es keinerlei Fristverlängerung mehr geben.

Halte es fest, in welcher Situation du dich auch gerade befindest: Unser HERR ist voll von Gnade und Erbarmen, Seine Güte ist ein unerschöpfliches Meer! Er liebt es nicht, zu zürnen und zu strafen, und läßt sich gern des Übels gereuen. Es lohnt sich, auf Seine Gnadenfristen zu achten und die Gnade **jetzt** anzunehmen, um sich Gerichtswege aller Art zu ersparen. Gott, der Gnädige und Zuverlässige, hält ja in Jesus Christus noch ganz andere Gnadenreichtümer bereit, als sie Israel im Alten Testament bekannt waren. Darum gilt es, sich der Gnade Gottes voll und ganz zu öffnen, Seinen Gnadenreichtum im Worte zu erforschen und im Glauben zu ergreifen!

3. Gott selbst ist die Gnade

Auch bei vielen Christen ist es leider üblich, bei plötzlichen bösen Überraschungen in den Ruf: »Ach du meine Güte!« auszubrechen. Ob es dem Rufer nun bewußt ist oder nicht, daß er damit im Grunde einen **Namen Gottes** verunehrt – man sollte das **gedankenlose** Aussprechen dieser Worte unbedingt unterlassen. Denn tatsächlich kann chäsäd (das hebräische Wort für Güte, Gnade, Liebe, Gunst) zur Bezeichnung für **Gott selber** werden, worauf schon das ausgezeichnete Hebräische und Aramäische Handwörterbuch von WILHELM GESENIUS hinweist.

Wenn David in Psalm 144, 2 ausruft: »**Meine Güte** und meine Burg, meine hohe Feste und mein Erretter, mein Schild und der, auf den ich traue« (TUR-SINAI: »Du, **meine Gnade** und mein Hort, Hochburg und Retter mir, mein Schild Du, bei dem ich mich berge«; Menge: »**Mein Wohltäter** und meine Burg, meine Feste und mein Retter, mein Schild und der, auf den ich vertraue«), so ist dies kein gedankenloses Plappern, sondern ein geistgewirktes, anbetendes Anrufen des Herrn. Dabei legt ihm der Geist Gottes, wenn wir den 1. Vers des 144. Psalms hinzunehmen, 7 kostbare Bezeichnungen Jehovahs in den Mund:

Fels,
Gnade (Güte, Güteerweisender = Wohltäter, Eduard König: **»Quell der Güte für mich«**),
Burg (Hort, Feste, König: Bergfeste),
Hochburg (hohe Feste, Festung, Schutz),
Erretter,
Schild und
DER, bei dem ich mich berge, dem ich traue; König: »zu dem ich mich schon immer geflüchtet habe«.

Erinnert uns dies nicht an die Waffenrüstung von Epheser 6? Jehovah ist ein Gott – dies erkannte schon David –, der uns nach allen Seiten einen völligen Schutz bietet und in dem wir uns völlig bergen dürfen, und dies hängt damit zusammen, daß Er der »Quell der Güte für mich« ist. Voraussetzung zu solcher Erfahrung ist nur, daß wir Ihm trauen (vgl. Joh. 16, 9 und Eph. 2, 8); Errettung und Schutz gewährt Er den Glaubenden, Vertrauenden, Sich-bergen-Wollenden.

Noch ein weiteres Mal wird chäsäd (= Gnade, Güte, Huld, der Liebe und Gnade und Barmherzigkeit Erweisende) zu einer Bezeichnung für Gott selbst: in Jona 2, 9. Dort lesen wir: »Die auf nichtige Götzen achten, verlassen **ihre Gnade«**. Ausgerechnet im Bauch des großen Fisches, in dem er sich drei Tage und drei Nächte aufhält, wird dem ungehorsamen und verirrten Propheten Gottes im Prozeß des Selbstgerichts und der Umkehr zu Gott klar, was er getan hatte: er hatte sich dem Götzen des Eigenwillens zugewandt und den Quell der Güte, seinen einzigen wahren Wohltäter, verlassen. Doch obwohl er seinen Gott in großer Untreue verlassen hatte, hat dieser ihn nicht ganz und gar verlassen. Gott blieb Jona treu, obwohl dieser untreu war. Und wie die Jonageschichte nicht nur in einigen Zügen Jesus Christus abbildet, sondern auch die Geschichte Israels darstellt, so auch in diesem Stück: Keineswegs hebt Israels Untreue die Treue Gottes auf (Röm. 3, 3).

So gewährt Gott Seinem verirrten Propheten mitten im Herzen der Meere, im Bauch des großen Fisches, wo ihn die Wasser umfangen, wo er hinabfährt zu den Gründen der Berge und er sich gleichsam im »Schoße des Scheols« befindet, aufs neue die **Gnade des Glaubens.** Nur so ist es zu erklären, daß er der Feststellung »Verstoßen bin ich aus Deinen Augen« sogleich die Worte getroster Zuversicht folgen läßt:

». . . dennoch werde ich wieder hinschauen nach Deinem heiligen Tempel« (Jona 2, 5).

Gott selbst ist die Gnade! Er ist die Gnade in Person, ist der wahre Wohltäter, der Quell der Güte. Dies erkannte ein Jona – dies nahm David für sich in Anspruch – dies erlebten und erleben die Glaubenden zu aller Zeit, wenn sie nur Zuflucht zu Ihm nehmen.

So dürfen wir auch an den Herrn selber denken, wenn wir im Neuen Testament in Titus 2, 11 lesen: »Denn erschienen ist die **Gnade Gottes,** allen Menschen zur Rettung, sie erzieht uns, die Unfrömmigkeit und die weltlichen Begierden zu verleugnen, damit wir vernünftig, gerecht und fromm in dem jetzigen Äon leben mögen, ausschauend nach der glückseligen Erwartung und dem Erscheinen der Herrlichkeit des großen Gottes und unseres Retters, Jesus Christus« (Konkordante Wiedergabe).

Gottes **huldreiche Herabneigung und Güteerweisung** – in Jesus, dem Messias, sind sie personhaft und mit Sinnen wahrnehmbar in unsere Mitte getreten.

Gott selbst ist die Gnade! Er ist Güte, Liebe, Wohlwollen in Person. Er will sich herabneigen, zuwenden, Huld erweisen. Dagegen sagt die Bibel an keiner Stelle, Gott selbst sei der personifizierte **Zorn** – obwohl es natürlich einen Zorn Gottes gibt! Doch nach einem vielsagenden, bedeutungsschweren Wort aus den Klageliedern ist Gottes Zorn eine **Verhüllung,** nicht aber **Enthüllung** Seines Wesens: »Du hast dich in Zorn **gehüllt** und hast uns verfolgt; Du hast hingemordet ohne Schonung« (Klagel. 3, 43). Es gibt allerdings einen, der der personifizierte Zorn Gottes genannt werden kann; dies aber ist der **Satan!** Denn in den parallel laufenden Aussagen von 2. Samuel 24, 1 und 1. Chronika 21, 1 wird deutlich, daß »Zorn Jehovahs« und »Satan« hier einander entsprechen: »Und der **Zorn Jehovahs** entbrannte abermals wider Israel; und er reizte David wider sie, indem er sprach: Gehe hin, zähle Israel und Juda!« – »Und **Satan** stand auf wider Israel und reizte David an, Israel zu zählen.«

Wer hat nun David zu dieser Gott nicht wohlgefälligen Volkszählung angestiftet, Gott oder der Teufel? Die Antwort muß wohl lauten: Gott genehmigte in Seinem Zorn dem Teufel, David hierzu anzureizen. Offensichtlich waren Davids Motive bei dieser Sache selbstherrlich und böse; offensichtlich wurde auch vergessen, gemäß 2. Mose 30, 12 das

Aufnehmen der Summe der Kinder Israel mit einem Sühnopfer für Jehovah zu verbinden, »daß keine Plage unter ihnen entstehe bei ihrer Musterung«. – Ob uns diese Zusammenhänge nicht viel vorsichtiger machen sollten im Umgang mit Statistiken im »frommen« Bereich? Wo man selbstherrlich, gleichgültig, routinemäßig mit Statistiken von Gemeinden Gottes, ihren Arbeitsgruppen und Werken umgeht, statt Gott dabei zu ehren und zu loben, ist Gefahr im Verzuge, daß Sein Zorn entbrennt – auch wenn er sich nicht gleich so massiv bedrohlich äußert wie damals bei David, als er die 800 000 Kriegsleute aus Israel und die 500 000 aus Juda zählen ließ.

4. Der »Gott aller Gnade«

Ist unser Gott und Vater zutiefst die Gnade in Person, so wundert es uns nicht, daß Ihm Petrus einmal den wunderbaren Namen »Der Gott aller Gnade« zulegt (1. Petr. 5, 10): »**Der Gott aller Gnade** aber, der euch berufen hat zu Seiner ewigen Herrlichkeit in Christo Jesu, nachdem ihr eine kleine Zeit gelitten habt, Er selbst wird euch vollkommen machen, befestigen, kräftigen, gründen.« Andere Übersetzer sagen: »Er wird euch nach kurzer Zeit des Leidens selber aufrichten (ausrüsten, zubereiten, zur Vollendung führen), stärken, kräftigen und auf festen Grund stellen.« **Der Gott aller Gnade – Er selber!** Es lohnt sich, darauf zu achten, was nach Aussage der Heiligen Schrift »Gott selber« tut! Der Herr selbst wird bei der Entrückung der Gemeinde vom Himmel herabsteigen bis in die Luft, wohin die Toten in Christo und die Lebenden in Christo Ihm dann entgegengerückt und der Erdennot und -schwere entrissen werden. Der Gott des Friedens selber will uns völlig heiligen und Geist, Seele und Leib bewahren auf die Ankunft des Herrn hin (1. Thess. 4, 16; 5, 23). So handelt Er selbst als der Gott aller Gnade. Es sind Wirkungen und Vorgänge, die den Gedanken Seines Herzens entsprechen und auf der Linie des »Willens Seines Wohlgefallens« liegen. Wenn Gott dagegen Seinem Zorn freien Lauf läßt (wie bei der erwähnten Volkszählung Davids oder bei den Endgerichten nach Offenbarung 6), so handelt nicht **Er selber** als der »**Gott aller Gnade**« – Er hüllt sich vielmehr in Zorn, Er verhüllt Sein eigentliches Wesen und handelt nicht nach Seinem Herzen. Er genehmigt heiligen Engeln des Gesetzes oder unheiligen Engeln der Gesetzlosigkeit **ihres** Herzens Gedanken, um sie zur Ausführung zu bringen, und was dann geschieht, entspricht nur dem »Willen des **Ratschlusses** Gottes« (siehe Eph. 1, 5 und 11: »Wohlgefallen Seines Willens«; »Ratschluß Seines Willens«). – Daß auch die furchtbaren Gerichtsumwege, die der »Ratschluß Seines Willens« mit umfaßt, zutiefst und zuletzt dem Liebeswillen Gottes entsprechen und immer der Zurechtrichtung und Zurechtbringung der Geschöpfe dienen müssen, bleibt vielen verborgen. Wer aber einmal erkannt hat, daß Gottes tiefste Beweggründe immer Liebe und Gnade sind – auch in den Gerichten, in denen man Seine Liebe zunächst nicht erkennen kann, sondern nur Katastrophen und Grauen –, wer sich aus der Gesamtoffenbarung der Schrift, vor allem durch Paulus, Gottes umfassende Heilsziele hat zeigen lassen, der weiß, daß es kein Gericht gibt in Vergangenheit, Gegenwart und Zukunft, das nicht dem **Heil der Geschöpfe** und der **Verherrlichung Seines Namens** dient.

Gott ist der »Gott aller Gnade«. Wie vielfältig Seine Gnade ist und sich kundtut, wird im einzelnen noch zu erörtern sein. Nehmen wir aber schon jetzt für unser persönliches Leben die Verheißung von 2. Korinther 9, 8 in Anspruch, wo Paulus schreibt: »Gott aber ist mächtig, jede Gnade gegen euch überströmen zu lassen, auf daß ihr in allem allezeit alle Genüge habend, überströmend seid zu jedem guten Werk.« Der Gott aller Gnade verfügt über jede notwendige Gnade, die ein Glaubender braucht, um Ihm gefällig leben zu können. Diese Verheißung sagt nicht: Gott gibt Gnade zur Erfüllung aller eurer Wünsche – Gott gibt Gnade zur Durchsetzung eures Eigenwillens. Nein, aber Er hat Gnade und schenkt Gnade, um in der Lebensgemeinschaft mit Jesus Christus volle Genüge zu haben und sogar noch **überströmend** zu sein in Liebe, in Freude, in Dank, und dies nicht nur theoretisch, sondern konkret sich auswirkend in guten Werken. – In der mündlichen Verkündigung sage ich gern: Ein solcher Mensch ist zu allem geschickt. Nur einen Beruf könnte er wohl nicht ausüben, den eines Gewerkschaftsführers, weil er ja ständig bezeugt: Mir geht es gut, mir fehlt es an nichts, ich habe genug, ja, ich bin in Christo reich und froh und überströmend!

Gott ist der »Gott aller Gnade«. An uns liegt es, sie im Glauben zu nehmen.

5. Gnade und Gericht

Gnade und Gericht sind Gegensätze, die sich auszuschließen scheinen. Wiederum ergänzen sie sich wie die zwei Pole eines bipolaren Systems. Ja, sie bedingen sogar einander (sofern Gnade nicht nur **Begnadung,** sondern **Begnadigung** meint, was in der Bibel in den meisten Zusammenhängen der Fall ist). Dann wird deutlich: Gnade gibt es nur für Gerichtete, Verurteilte. Gericht ist dann die Voraussetzung zum Empfang von Gnade. Erst dem kann Gott Gnade erweisen, der verurteilt wurde und den Urteilsspruch annahm.

Karl Geyer bringt dazu ein treffendes Beispiel in seiner Schrift »Ich bin gewiß – der Weg zur Heilsgewißheit« (Paulus-Paperback 23 im Paulus-Verlag). Er schreibt:

»Gnade ist nur für solche Leute, die erkannt haben, daß sie vor Gott keinen Rechtsanspruch haben. Dazu ein Beispiel:

In meiner Jugend, so um die Jahrhundertwende, wurde eines Tages berichtet, in Petersburg sei man einer Verschwörung auf die Spur gekommen. Die jungen Offiziere des Leibkosaken-Regiments hätten den Zaren ermorden wollen. Da der Zar ein absoluter Herrscher war, verurteilte er sie alle zum Tode.

Der Oberst des Regiments traute seinen Offizieren die schlimme Absicht nicht zu. Er führte eine strenge und genaue Untersuchung durch und fand dabei heraus, daß alles nur Verleumdung war. Das Ergebnis berichtete er dem Zaren.

Nun war der Zar in großer Verlegenheit. Hätte er die Sache veröffentlicht, so hätte jedermann denken müssen, wie ungerecht es von ihm war, junge Menschen zum Tode zu verurteilen ohne jeglichen Beweis für ihre Schuld. Er suchte daher einen Ausweg und sandte den Regimentskommandeur zu den Verurteilten ins Gefängnis und ließ ihnen sagen, sie sollten ein Gnadengesuch einreichen, dann wolle er alle sofort begnadigen!

Dieses Ansinnen lehnten die jungen Offiziere einmütig ab. Sie antworteten ihrem Obersten: »Wir wollen keine Gnade! Wir wollen unser Recht!«

Sie wußten ganz genau, daß sie durch die Einreichung eines Gnadengesuches zugeben würden, daß an der Sache etwas gewesen sei und sie daher als Hochverräter tatsächlich den Tod verdient hätten, vor dem sie nur ein Gnadenakt des Zaren bewahren könnte. Da sie sich aber keiner Schuld bewußt waren, konnten und wollten sie auch nicht durch ein Gnadengesuch den Anschein erwecken, als ob dennoch eine Schuld vorläge.

Der Zar ließ die jungen Leute nach Sibirien bringen, gut behandeln und nach einem Jahr wieder in ihre Stellen setzen.

An diesem Beispiel wird klar, daß Gnade nur für Schuldige angebracht ist. Nur gerichtete Leute, die keinen Rechtsanspruch haben, bitten um Gnade.«

Karl Geyer folgert daraus: »Wer sich selber in der Buße richtet, wird nicht gerichtet, und wer im Vertrauen auf die unwandelbare Treue Gottes zu Ihm kommt und ein Gnadengesuch einreicht, den stößt Er nicht hinaus, sondern begnadigt ihn. Der Ewigtreue, der nicht lügen kann, bezeugt selbst: ›Wer zu mir kommt, den werde ich nicht hinausstoßen‹ (Joh. 6, 37).«

Gericht und Gnade – Gericht und Rettung – Gericht und Heil – dies sind keineswegs unvereinbare Gegensätze, sondern sie gehören, von Gott aus gesehen, zusammen. In Seinem Wesen und in Seinem Handeln verlieren sie ihr Widereinander und wirken einträchtig zusammen zum Heil der Geschöpfe und zur Freude Seines Vaterherzens, so spannungsreich sie auch zunächst einander gegenüberstehen mögen.

Wir sprechen im folgenden von
a) Gnade und Gericht im Wesen Gottes,
b) Gnade und Gericht auf Golgatha,
c) Gnade und Gericht im Erleben Moses.

Dabei wird deutlich werden, daß Gottes Gnadenhandeln und Gerichtshandeln zutiefst immer aus **einer** Quelle fließen und **einem** Ziele dienen. Die Quelle heißt die Liebe Gottes, das Ziel Verherrlichung Gottes und Heil der Geschöpfe.

a) Gnade und Gericht im Wesen Gottes

Die Elberfelder Bibel übersetzt Jesaja 30, 18 in folgender Weise: »Und darum wird Jehovah verziehen, euch gnädig zu sein; und darum wird Er sich hinweg erheben, bis Er sich euer erbarmt; denn **Jehovah ist ein Gott des Gerichts.** Glückselig alle, die auf Ihn harren!« – Franz

Delitzsch hat diese Stelle in seinem 1879 erschienenen Jesajakommentar wie folgt wiedergegeben:»Und darum wird harren Jahweh, bis Er euch sich zuneigt, und darum wird Er hoch sich zurückziehn, bis Er euch begnadigt, denn **ein Gott des Gerichts ist Jahweh,** Heil denen, die Sein harren!«

Nach dieser Stelle ist Gott, der Unwandelbare (hebräisch JHWH, auszusprechen als Jehovah oder Jahweh), ein **Gott des Gerichts.** Ist es nun ein Widerspruch hierzu, wenn Ihn Petrus in dem schon weiter oben zitierten Wort 1. Petri 5, 10 den »**Gott aller Gnade**« nennt? Ist es ein Widerspruch, wenn der Apostel Johannes das einemal sagt »Gott ist Liebe« und das anderemal »Gott ist Licht« (1. Joh. 4, 8; 1, 5)?

Es hat an Versuchen nicht gefehlt, einen unauflöslichen Gegensatz nicht erst im **Handeln** Gottes in Gericht und Gnade, sondern bereits in Seinem **Wesen** festzustellen. Besonders wenn es um die Frage ging, wie eine ewige Pein im Feuersee – als **endlose** Pein verstanden – sich mit der Liebe Gottes reime und wie Gott dabei einmal »alles in allen« sein könne (1. Kor. 15, 28), nahm man immer wieder zu einer »haltlosen Begriffsspalterei« Zuflucht, indem man etwa lehrte:

»Gott ist wirklich alles in allen, Er ist in den Seligen, aber auch in den Verdammten, in jenen als die vergebende Gnade, in diesen als die strafende Gerechtigkeit« (Erbkam) – »Die Verlorenen können nie aus Glauben gerechtfertigt, nie von der Befleckung ihrer Schuld gereinigt werden ... Daß Gott Liebe ist, dafür sind die Erlösten das ewige Denkmal, und daß Er Licht ist, dafür ist der Feuersee das ewige Denkmal« (»Handreichungen aus dem Worte Gottes« 1927). Ein anderer christlicher Schriftsteller ging konsequenterweise sogar so weit, entgegen der Heiligen Schrift zu lehren:»Gott ist nicht nur Liebe, Gott ist auch Haß.«

Diesen und ähnlichen Entstellungen des Wesens Gottes trat Otto Riemann in seiner Schrift »Die Lehre von der Wiederbringung und schließlichen Beseligung aller« (3. Auflage 1918) mit den Worten entgegen:

»Als ob mit einer ewig im Strafzustand befindlichen Zahl von Geistwesen nicht auch eine ewige Vertretung einer Macht gesetzt wäre, die sich, wenn auch äußerlich ohnmächtig, doch innerlich grollend oder, wie sich J. Müller ausdrückt, ›unablässig gegen Gott wütend‹ wider Gott aufbäumt; oder aber, wenn infolge der Strafe mit Schuldbewußtsein und Reue sich Ihm unterwerfend und vergeblich um Sein Erbarmen ringend, **auf ewig einen Gegensatz in Gott selbst hineinträgt, weil derselbe hier eigentlich helfen müßte um Seiner Liebe willen, aber nicht helfen dürfte um Seiner Gerechtigkeit willen!**« –

Gnade und Gericht drücken wohl eine Spannung, eine Polarität im göttlichen Wesen und Handeln aus, aber nie und nimmer ein Gespaltensein des Wesens Gottes. So bilden auch für den Apostel Johannes »Liebe« und »Licht« im Wesen Gottes keinesfalls einen Widerspruch, sie gehören vielmehr eng zusammen, beides liegt auf einer Linie. Wer seinen Bruder **haßt**, ist in der **Finsternis**; wer aber seinen Bruder **liebt**, der bleibt im **Lichte** (1. Joh. 2, 10. 11).

b) Gnade und Gericht auf Golgatha

Nirgendwo hat Gott Seine Gnade und Liebe so deutlich und alle Wesen umfassend geoffenbart wie in der Dahingabe Seines Sohnes in den Opfertod am Kreuz auf Golgatha (Joh. 3, 16; Röm. 5, 8; Joh. 1, 29; Kol. 1, 20; 2. Kor. 5, 18. 19). Und nirgendwo traf Gottes Gericht je ein Wesen so schwer – und wird in alle Zukunft es tun – wie den Sohn am Kreuz, als Er die Sünde der Welt trug, ja zur Sünde gemacht wurde, wie die genannten Schriftworte sagen. Gericht und Gnade – hier trafen sie in einem Punkt zusammen und zerschmetterten den Menschensohn Jesus Christus, stießen Ihn in die äußerste und letzte Finsternis – aber nicht für immer –, uns und aller Welt zum Heil.

Dieses **Gericht**, aber auch dieser **Gnadenerweis** waren einzigartig und unwiederholbar. Karl Geyer schrieb über dieses Gericht die Sätze:

»Das absolute Gericht, die totale Gottesferne, die völlige Gottverlassenheit, das Aufhören jeglichen Geisteszustroms und jeder Lebensverbindung mit Gott, kann nur ein nichterschaffenes Wesen aushalten, ein Wesen, das unsterbliches Gottesleben in sich trägt wie Gott selbst . . .

Das absolute Gottesgericht, die völlige Gottverlassenheit, ertrug daher nur der Eine, der Reine, der Sohn der Liebe, weil Er Leben hatte in sich selbst. Am Kreuz, als der Vater den Sohn drei Stunden in dichtester Finsternis und in innerer Gottverlassenheit allein ließ, so daß der Sohn laut schrie: ›Mein Gott, mein Gott, warum hast Du mich verlassen?‹, ertrug der Sohn jenes Gericht, das kein erschaffenes Wesen hätte ertragen können . . .

Im Feuersee existieren die Geschöpfe äonenlang, ohne ausgelöscht zu sein. Am Kreuz, in der absoluten Gottverlassenheit, wäre im Augenblick des Abschaltens des göttlichen Zuflusses kein erschaffenes Wesen mehr vorhanden gewesen. **Das Gericht am Kreuz ist das einzige absolute Gericht der Weltgeschichte und geht in seiner schaurigen Tiefe weit hinaus über Hades und Gehenna, über Totenreich und Feuersee.**

So ernst nimmt Gott die Sünde! Solch totale Maßnahmen ergreift Er, um sie zu richten und in allen ihren Folgen und Auswirkungen abzuschaffen und zu beseitigen (Hebr. 9, 26).« (»Ich bin gewiß«, S. 32/33).

Fürwahr, das Gericht über Jesus Christus am Kreuz war schlimmer, als sogar der Feuersee je sein kann! Ein so furchtbares **Gericht** mutete Gottes versöhnende **Gnade** dem Sohne zu.

c) Gnade und Gericht im Erleben Moses

In Gottes Wesen bilden Gnade und Gericht keinen Widerspruch. Sie sind zwei Seiten **eines** Liebeswesens. Das Geschöpf jedoch kann zutiefst erschrecken, in Irritationen und selbstquälerische Zweifel geraten, wenn der »Gott aller Gnade« ihm unversehens als zürnender Richter begegnet.

So erging es Mose, als er vom Berge Sinai nach dem Empfang der Gesetzestafeln wieder herabstieg (2. Mose 32). Er sah ein götzendienerisches Israel, das ums Goldene Kalb tanzte, und hörte die Richterstimme Gottes sagen: »Ich habe dieses Volk gesehen, und siehe, es ist ein hartnäckiges Volk; und nun laß mich, daß mein Zorn wider sie entbrenne und ich sie vernichte; dich aber will ich zu einer großen Nation machen« (V. 9–10).

Mose aber kann und will nicht glauben, daß dies Gottes letztes Wort sei. Er tritt priesterlich für das sündige Gottesvolk ein und appelliert an Gottes Verantwortung, Ehre und beschworenes Verheißungswort (V. 11–13). »Und es gereute Jehovah des Übels, wovon Er geredet hatte.« Dies schließt freilich weitere schwere Gerichte über die Zügellosen nicht aus, aber zu der angedrohten plötzlichen Vernichtung ganz Israels kam es nicht.

Gnade im Alten Testament

6. Der heilsgeschichtlich bedingte Offenbarungsfortschritt in der Gnadenbotschaft

Alles göttliche Wirken ist vielgestaltig, organisch und wachstümlich, nicht mechanisch, uniform, eintönig. So ist der »Leib des Christus« ein Organismus, der zwar auch ein gewisses Maß an Organisation braucht, der aber sein Wesen verleugnet, seinen Auftrag vergißt, innerlich ausgehöhlt und leer dasteht, wenn er sich nur noch als Organisation versteht und verhält, unter welchem Namen auch immer.

Auch die Bibel ist ein gewachsener Organismus. Das sollten wir beim Bibellesen nie vergessen. Oetinger warf seinerzeit Zinzendorf einen »spruchkastenmäßigen« Umgang mit dem Worte Gottes vor. Und tatsächlich ist es eine große Gefahr, die Bibel nur als eine Sammlung schöner Sprüche anzusehen – soviel Segen auch immer von Kalenderzetteln und Losungen ausgegangen ist. Aber man geht am Wesentlichen vorüber, wenn man die Bibel nicht als Organismus sieht, als göttlich gewachsenen und gegliederten Bau, als Kunde göttlicher **Heilsgeschichte.** Darum entnimm der Bibel niemals **nur** einzelne Sprüche zur privaten Erbauung, sondern lies sie fortlaufend, jeweils ein Buch oder einen Brief im Zusammenhang, wobei man zwischen Altem und Neuem Testament abwechseln kann.

So sind nicht alle Bibelworte und Bibelbücher von gleichem Wert und Gewicht, wie auch nicht die Glieder unseres Körpers. Ich kann ohne einen Finger noch ganz gut leben, schwieriger ohne ein Bein, noch schwieriger ohne beide Augen, gar nicht ohne Kopf. Auch in der Bibel ist nicht alles gleich wichtig, und das sollte man nicht allzusehr durch symbolische Kunstgriffe verdecken. So sehr man sich auch an »verborgenen Blumen«, an unbeachteten Stellen des AT erfreuen kann, besonders wenn man sie in neutestamentlicher Beleuchtung sieht – das Wesen der Dinge wird eben erst im Neuen Testament sichtbar, und klare Lehrworte sind wichtiger als symbolische Illustrationen. Würde ich ins Gefängnis geworfen und dürfte nur **ein** Bibelbuch mitnehmen, so wählte ich gewiß nicht das Richterbuch – womit ich nichts gegen das

Buch der Richter sage, das an seiner Stelle wichtig ist und das man lesen und sich aneignen sollte. Ich nähme lieber das Johannesevangelium oder den Römerbrief oder den Epheserbrief mit.

Die Bibel ist durch die Jahrtausende hindurch gewachsen und spiegelt den Offenbarungsfortschritt der göttlichen Heilsgeschichte wider. Da gibt es Anfänge und Anbahnungen, Fortgänge, Entfaltungen, zunehmende Enthüllungen und schließlich Höhepunkte und Vollendungswahrheiten. Wunderbar ist schon im ersten Buch der Bibel, 1. Mosebuch oder Genesis, zu erkennen, wie Gott spätere Entwicklungen keimhaft hier angelegt und vorgebildet hat. Der Bericht im 1. Kapitel der Bibel hat nicht nur geschichtliche Bedeutung – er zeigt auch vergleichsweise, wie Gott am Menschenherzen wirkt und arbeitet, um es aus Tohuwabohu und Finsternis herauszuführen und es durch Erleuchtung, Trennungen, Fruchtbarwerden bis hin zum Erscheinen des Bildes Gottes zu verändern. Und auch die Vätergeschichten sind nicht nur von geschichtlichem Wert. Da wird bei Abraham die spätere paulinische Lehre von der Glaubensgerechtigkeit schon keimhaft sichtbar, und die ihm gegebenen Verheißungen enthalten gewaltige Zukunftprophetie, Israel und die Nationen betreffend.

Nach der Väterzeit wird Israel als Gottes Modell- und Mustervolk und »erstgeborener Sohn« (im völkischen Sinne!) unter Mose aus Ägypten geführt und unter Gesetz gestellt. Es folgt die Zeit der Richter und Könige. Dann geht es – weil Gesetz nichts zur Vollendung bringt, sondern Zorn und Fluch bewirkt – abwärts mit Israel. Es kommt zum assyrischen und babylonischen Exil und schließlich, nach dem Erscheinen Jesu im Fleisch und Seiner Verwerfung und auch der Verwerfung des Heiligen Geistes durch die Masse Israels, zur Zerstreuung des Volkes der Wahl unter alle Völker. Gott selbst gibt Israel einen »Geist der Schlafsucht« (Röm. 11, 8). Aber ausgerechnet in dieser Zeit tiefster Nacht, der Zeit der Abwesenheit Jesu Christi als der wahren Sonne (Joh. 9, 4; Röm. 13, 12), läßt Gott Sein Offenbarungslicht am hellsten erstrahlen! Er bekehrt Saulus zum Paulus und beruft ihn als Sein besonderes Werkzeug. Nachdem Christus am Kreuz das Gesetz in seiner Funktion als trennende Zwischenwand zwischen Israel und den Nationen hinweggetan hatte – nicht das Gesetz überhaupt, sondern in dieser Funktion der »Aussperrung« der Nichtisraeliten vom Heil! –, konnte das Evangelium allen Völkern gebracht werden (Eph. 2, 14).

Nun darf durch Paulus Gottes Wort vollendet werden und sein Vollmaß erreichen (Kol. 1, 25). Das Geheimnis der Gemeinde, des Leibes des Messias, wird enthüllt. Gottes Heilsziele mit der ganzen Welt werden durch Paulus so deutlich geoffenbart wie nie zuvor. Fürwahr, Paulus ist nach Gottes Willen der »Chefarchitekt« (Arthur Muhl) am Hause Gottes, der Vollender des Wortes, der hervorragende Lehrer der Nationen (2. Tim. 1, 11), dem an Klarheit und Tiefe und prophetischem Weitblick weder Petrus noch Jakobus noch Johannes im letzten Bibelbuch gleichkommen. Dies zu sagen, ist keine menschliche Paulus-Begeisterung oder Paulus-Verherrlichung, sondern ein Ernstnehmen des heilsgeschichtlichen Handelns Gottes!

Dieser Paulus ist es nun auch, der die **Gnade Gottes** in einzigartiger Tiefe und Weite und Totalität bezeugen darf. Gott erweckt geistlich Tote zum Leben, wandelt Fluch in Segen, macht aus Letzten Erste und aus Fernsten Nächste. Seine Gnade rettet erbärmliche Sünder, wäscht sie ab, heiligt und rechtfertigt sie (1. Kor. 6, 9–11), um eben solchen Leuten dann zu erklären, daß sie zu Allerhöchstem berufen seien: »Wisset ihr nicht, daß ihr, die Heiligen Gottes, einmal mit dem Christus die Welt und sogar Engel richten sollt?« (1. Kor. 6, 2. 3).

Tatsächlich: In der paulinischen Gnadenbotschaft erreicht die biblische Gnadenverkündigung ihre Spitze, ihre Fülle, ihre herrlichste Ausprägung und unüberbietbare Entfaltung. Doch sind auch diese Gottesoffenbarungen im AT und in der Botschaft des irdischen Jesus schon keimhaft enthalten und klingen an. Doch ist ein Fortschritt deutlich zu erkennen. Ich weise nur auf eines hin: In sehr vielen alttestamentlichen Zeugnissen, besonders im Psalter und in den Sprüchen, finden wir die Gegenüberstellung des Gerechten und des Gottlosen (oder: Gesetzlosen). Der Gerechte, Fromme, Gottesfürchtige empfängt Gottes Gnade und Segnung, die Gottlosen kommen um, sie ereilt das Gericht. (Schon der 1. Psalm enthält eine solche Gegenüberstellung.) Dies ist die Norm im AT, wo Gottes Volk unter Gesetz steht. Wo diese Norm einmal durchbrochen wird (Buch Hiob und Asaph im 73. Psalm), geraten die Frommen in schwere Irritation. – Was aber lehrt Paulus in Römer 4, 5? »Gott rechtfertigt den Gottlosen.« Das ist eine ganz neue Qualität der Gnadenbotschaft – etwas revolutionär Neues, das auch in Jesu Wirken als »Sünderheiland« schon deutlich wurde.

Herrliche Gnadenzeugnisse enthält schon das Alte Testament. Von ihnen soll in den folgenden Abschnitten zunächst die Rede sein. Als Jesus auf Erden war, war dann die Gnade in Person erschienen (Tit. 2, 11; Joh. 1, 17). Sie leuchtete hell auf, wenn auch zunächst nur in Israel. Als der Erhöhte konnte dann Christus die göttliche Gnade in ihrer ganzen Tiefe und Weite enthüllen – für die Gemeinde Gottes und für die Welt.

> Gnade, Gnade, lauter Gnade
> füllet jeden Mangel aus.
> Gnade, reinste Gottesgnade
> bringt den Irrenden nach Haus.
> Gnade macht den Sünder rein,
> Gnade, Gnade ganz allein.

Karl Geyer †

7. Gnade – Gunst – Erbarmen – Liebe

Es lohnt sich, einmal darauf zu achten – vorerst im Alten Testament –, mit welchen weiteren Wesenszügen Gottes Seine Gnade zusammen genannt wird. Es sind der Gnade artverwandte, sie ergänzende und erläuternde Charakterzüge und Eigenschaften Gottes. Schon die hebräischen Worte chen und chäsäd lassen, wie wir sahen, mehrere deutsche Übersetzungen zu, so gefüllt und vielseitig sind sie: **Gnade, Gunst, Geneigtheit** (chen) und **Güte, Liebe, Wohlwollen, Huld** (chäsäd). Heinrich Langenberg sagt dazu in seiner »Biblischen Begriffskonkordanz«:

»Der biblische Begriff Gnade muß aus der Wesensoffenbarung Gottes heraus erfaßt werden, und zwar vom Grundbegriff der **Liebe** aus. Liebe ist nicht nur eine Eigenschaft Gottes, sondern **das Wesen Gottes** selber. Gott **hat** nicht nur Liebe, sondern Er **ist** die Liebe. So bezeichnet auch Gnade nicht nur das Verhalten der Liebe Gottes zur Schöpfung, speziell zum Menschen, sondern geradezu das Wesen Gottes . . . Gott offenbart nun dieses sein Wesen sowohl in Seinem Schöpfungs- als auch vor allem in Seinem **Heilshandeln.**«

Recht häufig erscheint im Alten Testament der Begriff der Gnade (chen oder chäsäd) im Zusammenhang mit einem weiteren Wesenszug des gütigen Gottes – oder gar mehreren. **Gnade und Erbarmen** stehen häufig zusammen (als Haupt- oder Eigenschaftswörter). Erbarmen wird vor allem durch das hebräische Wort **rächäm** ausgedrückt, das in der Einzahl Mutterleib und in der Mehrzahl (wie im Griechischen ta splangchna) soviel bedeutet wie: **Eingeweide, Sitz des zarten Mitgefühls, Erbarmen, Mitleid, Barmherzigkeit.**

In 2. Mose 33, 19 b sagt Gott Seinem Knecht Mose: »Wem ich gnädig bin, dem bin ich gnädig, und wessen ich mich erbarme, dessen erbarme ich mich.« Paulus zitiert dieses Wort in Römer 9, 15, wo er im Blick auf das Israel seiner Tage über Gottes scheinbar rätselhaftes Auserwählen und Verstocken nachdenkt. Hier zeigt sich Gottes souveräner, freier Wille, den der Mensch weder messen noch vorausberechnen noch vernunftgemäß erklären kann. Alle unsere Erklärungsversuche, warum Gott die einen erwählt und die anderen (zeitweise) verstockt, enden und münden doch immer wieder bei der Schlußfolgerung des Paulus in Römer 9, 16. 19: »So liegt es nun nicht an jemandes Wollen oder Laufen, sondern an Gottes Erbarmen ... So erbarmt Er sich nun, wessen Er will, und verstockt, welchen Er will.« So rechnet auch Kirchenrat Zeilinger damit (in dem Vortrag »Die Heilsbedeutung der Hadesfahrt Christi«, Vortragskassette 2138), daß viele Menschen heute deshalb nicht zum Glauben kommen, weil sie »noch nicht an der Reihe sind«, weshalb es uns in keiner Weise zusteht, alle solche nach dem Sterben für endlos verdammt zu erklären! Und Arthur Muhl, Zürich, nennt das oben zitierte Gotteswort aus 2. Mose 33, 19 b sehr fein »**Gottes Vorbehaltsklausel zum Gesetz**«. Gott, der Sein Volk Israel unter Gesetz stellt und damit Seine gnädige Zuwendung und Seinen Segen davon abhängig macht, ob das Geschöpf die Forderungen des Gesetzes erfüllt oder nicht (2. Mose 20 und folgende Kapitel; ferner 5. Mose 28), – dieser Gott sagt Seinem Knecht und Mittler Mose als dem Verantwortlichen bei dieser Gelegenheit (mit unseren Worten ausgedrückt): »Wenn Ich jetzt Israel für **ein** Zeitalter unter Gesetz stelle und damit mein Verhalten von **ihrem** Verhalten abhängig mache – segne, wenn sie gehorchen, aber fluche, wenn sie trotzen –, so sollst du doch wissen, daß Ich um meines Namens und Wesens willen dabei **einen Vorbehalt** mache: Ich behalte mir die Freiheit vor, unabhängig vom Gesetz und ohne euch eine Erklärung schuldig zu sein, doch jederzeit Gnade zu gewähren, wem ich will, und Erbarmen zu schenken, wem ich will.« Gott läßt sich selbst in Seiner Güte und Liebe nicht binden – auch nicht durch das Gesetz, das Er Israel aus pädagogischen Gründen (Gal. 3, 24) für die Zeit der »Gesetzeshaushaltung« (Mose bis Christus) auferlegte.

2. Mose 34, 6 haben wir in dieser Arbeit schon erwähnt. Auch bei dieser wunderbaren Ausrufung des Namens Gottes vor Mose wird von JEHOVAH GOTT als erstes dies ausgesagt, daß Er **barmherzig und gnädig** sei, langsam zum Zorn und groß an Güte und Wahrheit.

Eine dankbare Erinnerung an Gottes **Gütigkeiten** (Mehrzahl von chäsäd) und **Erbarmungen** (Mehrzahl von rächäm) gegen das Haus Israel bringt Jesaja 63, 7 zum Ausdruck. Die Elberfelder Bibel sagt: »Ich will der **Gütigkeiten** Jehovahs gedenken, der Ruhmestaten Jehovahs, nach allem, was Jehovah uns erwiesen hat, und der großen Güte gegen das Haus Israel, welche Er ihnen erwiesen nach Seinen **Erbarmungen** und nach der Menge Seiner **Gütigkeiten.**« Die Lutherbibel spricht von der Gnade des HERRN und den Ruhmestaten des HERRN nach Seiner Barmherzigkeit und großen Gnade. Die jüdische TUR-SINAI-Übersetzung sagt:

> »Des Ewgen Liebe will ich preisen,
> des Ewgen Ruhmeswerke,
> nach alledem, was uns der Ewige erwiesen,
> das reiche Gute für Haus Jisrael,
> das ihnen ER erwies durch Sein Erbarmen
> und nach der Fülle Seiner Liebe.«

Jesaja 63, 7 spricht ebenso wie Psalm 106, 7 und Klagelieder 3, 32 von der »**Menge Seiner Gütigkeiten**« (TUR-SINAI: »**Fülle Seiner Liebe**«). Entsprechend weiß der Apostel Paulus etwas von dem »**Reichtum Seiner Gnade**« zu bezeugen (Eph. 1, 7), die sich im Vergeben Gottes äußert sowie in Weisheit und Einsicht und im Kundmachen des »Geheimnisses Seines Willens«. Gott läßt Israel, aber auch uns, eine Menge oder Vielzahl von Güteerweisungen erleben, einen Reichtum an Gnade, eine Fülle Seiner Liebe. Diese Güteerweisungen, Liebesbeweise, Wohltaten werden in Israels Geschichte ebenso deutlich wie in den Lebensführungen des einzelnen und in den geistlichen Darreichungen des HERRN an Seine Gemeinde. Darf Er da nicht beständigen Dank und inniges Lob erwarten?

Wo aber ein Mensch oder ein Volk sich auf die Dauer als undankbar und widerspenstig erzeigt, kann es geschehen, daß Gott Seine **Gnade** (chäsäd) und Seine **Barmherzigkeiten** (rachamim) und in Verbindung damit auch Seinen **Frieden** (schalom) **»wegnimmt«.** So wird es in Jeremia 16, 5 beschrieben. Die Folge war: Es kam Nebukadnezar. Das Gericht nahm 587 v. Chr. seinen Lauf. Die Stadt Jerusalem und der Tempel wurden zerstört, und die Masse der Juden wanderte in die babylonische Gefangenschaft. Am Tiefpunkt angekommen, bekennt Israel durch Jeremia in den Klageliedern (3, 17. 18): »Und Du verstießest meine Seele vom Frieden (schalom), ich habe des Guten vergessen (d. h. nach Hans-Joachim Kraus: Die tobah, das Leben in der Segensfülle, geriet am Ort des Ausgestoßenseins völlig in Vergessenheit), und ich sprach: Dahin ist meine Lebenskraft und meine Hoffnung auf Jehovah.«

Doch dabei muß der Sänger der Klagelieder nicht stehenbleiben. Vom Tiefpunkt, vom absoluten Nullpunkt aller Hoffnungen wird er wieder aufgerichtet und zurückgeholt. Der in V. 18 nicht mehr hoffen konnte, darf in V. 21 und 24 neue Hoffnung schöpfen. Warum das? Nach der Bitte in V. 19, der Herr möge seiner gedenken, wird ihm in den Versen 22–24 und 31–33 von Klagelieder 3 neues Vertrauen geschenkt. Er erkennt, daß die **Gütigkeiten und Erbarmungen Gottes** trotz der nationalen Katastrophe der Niederwerfung durch Nebukadnezar und Wegführung ins Exil nicht vom jüdischen Volk gewichen sind. Gott hatte zwar Seine Güte und Erbarmungen, wie wir in Jeremia 16, 5 lasen, »weggenommen«, – aber weder **ganz und gar** noch **für immer.** Und deshalb heißt es in Klagelieder 3, 22. 23. 31. 32, diesen innigsten Versen des Buches, wo sich das Klagelied zum Jubellied wandelt:

a) Lutherbibel: »Die **Güte** des HERRN ist's, daß wir nicht gar aus sind; Seine **Barmherzigkeit** hat noch kein Ende, sondern sie ist alle Morgen neu, und Deine **Treue** ist groß . . . Denn der Herr verstößt nicht ewig, sondern Er betrübt wohl und erbarmt sich wieder nach Seiner großen Güte.«

b) Elberfelder Bibel: »Es sind die **Gütigkeiten** Jehovahs (Menge: Gnadenerweisungen des HErrn), daß wir nicht aufgerieben sind; denn Seine **Erbarmungen** sind nicht zu Ende; sie sind alle Morgen neu, Deine **Treue** ist groß . . . Denn der Herr verstößt nicht ewiglich;

sondern wenn Er betrübt hat, erbarmt Er sich nach der Menge Seiner Gütigkeiten.«

c) Jerusalemer Bibel: »Die **Huld** Jahwehs ist nicht erschöpft, ja, Sein **Erbarmen** ist noch nicht zu Ende. Neu erwacht es jeden Morgen. Wie groß ist Seine **Treue**! . . . Denn nicht verwirft der Herr die Menschen für immer. Wenn Er betrübt, erbarmt Er sich auch wieder nach Seiner großen Huld.«

Wie schade, daß viele Fromme noch so weit davon entfernt sind, selbst diesen alttestamentlichen (!) Glaubensblick hinsichtlich aller Menschen zu bewahren! Im Blick auf dich und mich, im Blick auf Israel, ja im Blick auf alle Menschen dürfen wir wissen: **Niemals ist es ganz und gar aus mit uns!** Denn niemals ist Gottes Gnade und Güte erschöpft! Niemals hört Seine Liebe auf, zu suchen, was verloren ist. Nach jedem noch so schrecklichen Gericht kommt einmal die Zeit neuen Erbarmens. Keinen Menschen verwirft Er für immer!

Dafür bürgen Seine Gütigkeiten (chäsäd), dafür bürgen Seine Erbarmungen (rächäm), dafür bürgt Seine Treue (ämunah). Dafür bürgt zutiefst Seine Liebe. Wenn aber irgendwo in der Bibel einem Menschen oder einem Teil der Menschheit furchtbares Gericht angedroht wird, ohne daß im gleichen Atemzug das Ende des Gerichts verheißen ist – was Gott aus pädagogischen Gründen nicht immer tut –, rufen viele Fromme: »Da seht ihr's doch! Dieses Gericht hat kein Ende! Seine Liebe hat aufgehört zu suchen. Über diese Menschen erbarmt Er sich nie mehr!« – Doch nach Römer 11, 32 und vielen anderen Stellen sind wir berechtigt, die genannten Verse der Klagelieder wirklich und ohne Einschränkung für alle Menschen und alle Gerichte gelten zu lassen!

In diesen Worten der Klagelieder gesellt sich zu den Begriffen »**Gütigkeiten**« (chäsäd, Mehrzahl) und »**Erbarmungen**« (rächäm, Mehrzahl) noch das herrliche Wort **ämunah**. Es ist verwandt mit unserem Wort »Amen« und bedeutet nach GESENIUS (»Hebräisches und Aramäisches Handwörterbuch über das AT«): Festigkeit, Unbeweglichkeit, Sicherheit, Wahrhaftigkeit, Zuverlässigkeit, Redlichkeit, Treue. **Gottes Beständigkeit, Zuverlässigkeit und Treue** wird damit ausgedrückt, wie auch durch das ähnliche Wort ämäth, das laut GESENIUS Beständigkeit, Zuverlässigkeit, Gewißheit, Sicherheit, Treue und Wahrheit bedeutet (Treue als Eigenschaft Gottes; die Wahrheit berichteter Taten).

Hans-Joachim Kraus sagt über diese drei Begriffe in KLAGELIE-DER (Biblischer Kommentar, Altes Testament, 1956 Neukirchen): »Chäsäd ist die huldvolle Güte . . . Rächäm ist die tief aus Gott emporquellende Bewegung herzlichen Erbarmens mit dem, der sich in Not und Angst befindet . . . Täglich neu wendet Jahweh den Seinen chäsäd und rächäm zu. Seine Bundesordnung ist so beständig wie die Naturordnung (Jer. 33, 25. 26) . . . Ämunah ist die feste, unumstöß-liche Beständigkeit, in der Jahweh bleibt, der Er ist: huldreicher und erbarmender Gott.«

Auch wir dürfen uns in jeder Lebenslage Seiner huldvollen Güte, der tief aus Gott emporquellenden Bewegung herzlichen Erbarmens sowie Seiner unumstößlichen Verläßlichkeit und Treue anbefehlen. Oder sollte der HERR diese Auswirkungen Seiner Liebe, die Er allen Menschen – sogar noch nach schweren Gerichten – zuwendet, ausgerechnet den Gliedern Seines Leibes vorenthalten?!

Achten wir jetzt auf einige Schriftstellen, die von **Gottes Güte** (chäsäd) im Zusammenhang mit **Gottes Treue** (Zuverlässigkeit, Wahrheit, hebräisch ämäth) sprechen:

In 1. Mose 32, 11 (Elbf. Übs. V. 10) bekennt Jakob: »Ich bin nicht wert aller Gnaden und aller Treue, die Du Deinem Knecht erwiesen hast« (Jerusalemer Bibel), oder nach der Elberfelder Bibel: »Ich bin zu gering all der Gütigkeiten und all der Treue, die Du Deinem Knechte erwiesen hast.«

In Psalm 115, 1 lesen wir: »Nicht uns, Jehovah, nicht uns, sondern Deinem Namen gib Ehre, um Deiner Güte, um Deiner Wahrheit willen!« Es ist ein Psalm, der gleich zu Beginn jeden Eigenruhm des Geschöpfes entschieden abwehrt (»nicht uns – nicht uns«), um dann 2 Verse später Gottes souveränes, freies Schalten und Walten um so strahlender zu bezeugen: »Aber unser Gott ist in den Himmeln; alles, was Ihm wohlgefällt, tut Er.«

Blicken wir jetzt kurz in den 25. Psalm hinein! Er preist im 10. Vers Gottes Güte (chäsäd) und Wahrheit (oder Treue, ämäth) und im 6. Vers Seine Erbarmungen (rachamim) und Gütigkeiten (chasadim): »Alle Pfade Jehovahs sind Güte und Wahrheit für die, welche Seinen Bund und Seine Zeugnisse bewahren . . . Gedenke Deiner Erbarmungen, Jehovah, und Deiner Gütigkeiten; denn von Ewigkeit her sind sie.«

Dieser Psalm ist übrigens wie der 119. ein »Güldenes ABC«. Das heißt, die 22 Verse beginnen der Reihe nach im Grundtext mit den 22 Buchstaben des hebräischen Alphabets. Während es aber im 119. Psalm jeweils 8 Verse sind (und in Klagelieder 3 jeweils 3), die der Reihe nach im Grundtext mit Aleph, Beth, Gimel, Daleth, He usw. beginnen, ist hier jeweils 1 Vers mit einem bestimmten hebräischen Anfangsbuchstaben der alphabetischen Ordnung nach versehen. (Dasselbe ist bei den Psalmen 34 und 145 der Fall, auch in Klagelieder 1 und 2 und 4 sowie in Sprüche 31, 10–31. Diese »alphabetische Akrostichie« ist auch im Grundtext der Psalmen 9, 10, 37, 111 und 112 zu erkennen, wobei teils jeder 2. Vers des Psalms dieser alphabetischen Ordnung folgt, teils im gleichen Vers die Satzhälften mit den hebräischen Buchstaben der Reihe nach beginnen.)

Gottes **Güte** (chäsäd) und **Treue** (ämunah) werden auch zusammen genannt in Psalm 98, 3; 100, 5 und 92, 2 (Elbf. Übs.):

»Er hat Seiner Güte und Seiner Treue gedacht dem Hause Israel: Alle Enden der Erde haben die Rettung unseres Gottes gesehen.« – »Denn gut ist Jehovah; Seine Güte währt ewiglich und Seine Treue von Geschlecht zu Geschlecht.« – »Am Morgen zu verkünden Deine Güte und Deine Treue in den Nächten.« In all diesen Stellen wird das Beständige und Zuverlässige Seiner huldvollen Güte betont.

In Jesaja 60, 10 b ist Gottes erbarmendes Handeln mit dem Ausdruck **razon** = Wohlgefallen, Huld, verbunden: ». . . in meinem Grimm habe ich dich geschlagen, aber in meiner **Huld** (razon) habe ich mich deiner erbarmt.« – Als schützender Schild wird diese göttliche Huld (Gnade, Gunst, Wohlgefallen) im letzten Vers des 5. Psalms gepriesen: »Denn Du wirst den Gerechten segnen, Jehovah, mit Gunst wirst Du ihn umgeben wie mit einem Schilde« (Elb. Übs.); Eduard Königs Psalmenkommentar sagt hier: »Denn Du wirst den Gerechten segnen, Du, Ewiger, wirst ihn mit Wohlgefallen wie mit einem Großschild umgeben.« – Diese göttliche Gunst ist also etwas Schützendes, Bergendes, und wenn Psalm 5, 13 (Elbf. V. 12) diese **Gunst** mit einem Großschild vergleicht, Epheser 6, 16 aber den **Glauben** als unseren Langschild im Kampf gegen mächtige Feinde bezeichnet, so ist dies kein Widerspruch – das eine ist die Schau von Gott her, von oben her, das andere die Schau von uns aus, von unten her. Beides ergänzt sich. Indem wir dem Herrn glauben, vertrauen, rechnen wir mit Seiner Gnade und Gunst. Und umgekehrt: Sein Wohlgefallen gilt den Ihm

Trauenden. Wo diese Beziehung vorhanden ist, sind wir völlig geborgen.

Psalm 30, 6 (Elbf. V. 5) stellt ähnlich wie Jesaja 60, 10 dem göttlichen Zorn ein Leben in Seiner Gunst (razon) gegenüber: »Denn ein **Augenblick** ist in Seinem **Zorn,** ein **Leben** in Seiner **Gunst.**«

Psalm 143, 10 spricht die feine Bitte aus: »Lehre mich tun Dein **Wohlgefallen;** denn Du bist mein Gott; Dein guter Geist leite mich in ebenem Lande!« – Der Verheißung des göttlichen Wohlgefallens entspricht unsererseits die Bitte, ein Ihm wohlgefälliges Leben zu **lernen,** wozu – das erkannte schon David – Gottes guter Geist nötig ist.

Schließlich ist unter Benutzung des Wortes razon in Jesaja 49, 8 und Psalm 69, 14 (Elbf. Übs. V. 13) von einer **Zeit des Wohlgefallens** (Zeit der Annehmung, der Huld, der Betätigung des Wohlgefallens; Gnadenzeit) die Rede, in Jesaja 61, 2 von einem **Jahr des Wohlgefallens** oder der Annehmung (Gnadenjahr) und in Jesaja 58, 5 von einem »**Tag des Wohlgefallens** für Jehovah«. – Gnadenzeiten Gottes sind begrenzt und gehen einmal zu Ende. Da gilt es Zeit und Stunde zu nutzen! Dies gilt für das Einzelleben wie für den Heilsplan Gottes insgesamt, wo verschiedene Gnadenzeiten einander ablösen (man denke an die Erdenzeit Jesu, an die gegenwärtige Gemeindehaushaltung, an das Tausendjährige Reich). Unbegrenzt, unerschöpflich, endlos aber sind Seine Liebe und erbarmende Güte.

Werfen wir am Ende dieses Abschnittes noch einen Blick auf zwei Schriftstellen, in denen zur göttlichen **Güte** (chäsäd) und **Treue** (ämunah) und Seinem **Erbarmen** (rächäm) noch Seine **Gerechtigkeit** (zedek) und Sein **Gericht** (mischpat) hinzutritt! Heinrich Langenberg weist in Seiner Biblischen Begriffskonkordanz darauf hin, daß Gottes Gnade keineswegs in einem Gegensatz zu Seiner Gerechtigkeit steht! »Gott läßt nicht Gnade vor Recht ergehen, sondern Er ist gnädig, weil Er gerecht ist, und gerecht, weil Er gnädig ist.« **Zedek** bedeutet Recht und Gerechtigkeit, speziell das Rechte, Korrekte im Sprechen und Tun. **Mischpat** ist das hebräische Wort, das Recht und Gericht in sich vereinigt; es bedeutet laut GESENIUS Gericht, Richterspruch, Entscheidung, Strafurteil, Rechtssache, Recht.

So heißt es in Psalm 36, 6–8 und 11 (Elbf. Übs. Verse 5–7 und 10):

a) Elberfelder Bibel: »Jehovah! An den Himmel reicht Deine **Güte,** bis zu den Wolken Deine **Treue.** Deine **Gerechtigkeit** ist gleich den

Bergen Gottes, Deine **Gerichte** sind eine große Tiefe; Menschen und Vieh rettest Du, Jehovah. Wie köstlich ist Deine **Güte**, o Gott! und Menschenkinder nehmen Zuflucht zu Deiner Flügel Schatten . . . Laß Deine **Güte** fortdauern denen, die Dich kennen, und Deine **Gerechtigkeit** den von Herzen Aufrichtigen!«

b) Eduard König übersetzt in seinem Psalmenkommentar: »Ewiger, im Himmel wohnt Deine **Huld**, Deine **Treue** reicht bis zu den Federwolken. Deine **Gerechtigkeit** ist gleich den Bergen Gottes (nämlich an Höhe oder Größe), Deine **Gerichtsakte** sind die große Urflut (die die Frevler bei der Sintflut wegtilgen half). Menschen und Vieh rettest nur Du, o Ewiger. Wie köstlich ist Deine **Huld**, o Gott, und die Menschen dürfen sich in den Schatten Deiner Fittiche flüchten (wie auf Adlerflügeln getragen) . . . Dehne Deine **Huld** für die aus, die Dich anerkennen, und Deine **Gerechtigkeit** für die, die aufrichtig im Herzen sind!«

Auch Hosea 2, 21–22 (Elbf. Übs. Verse 19–20) bezeugt Gottes Gerechtigkeit und Gericht im Zusammenhang mit Seiner Güte, Barmherzigkeit und Treue. Es geht hier um nichts Geringeres als um die endzeitliche Erneuerung des Ehebundes zwischen Jehovah als Eheherrn und Israel als Braut oder Weib, die in ihrer Untreue zur Hure und im Gericht Gottes zur vereinsamten Witwe geworden war (man vergleiche Hes. 16). Wunderbare Eigenschaften Gottes leuchten auf bei der Rückgewinnung dieses Seines Weibes! Die Elberfelder Übersetzung lautet in den genannten Versen: »Und ich will dich mir verloben in Ewigkeit, und ich will dich mir verloben in **Gerechtigkeit** und in **Gericht** und in **Güte** und in **Barmherzigkeit,** und ich will dich mir verloben in **Treue;** und du wirst Jehovah erkennen.«

Hans Walter Wolff übersetzt in HOSEA (Biblischer Kommentar, Altes Testament, 1961 Neukirchen): »Ich will dich für mich endgültig gewinnen. Ich will dich für mich gewinnen um **Heil** und **Recht**, um **Güte** und **Erbarmen.** Ich will dich für mich gewinnen um **Treue.** Dann wirst du Jahweh erkennen.«

Die übliche Übersetzung »verloben«, so führt Wolff aus, treffe den wahren Sinn nicht; denn es gehe hier um den »verbindlichen Rechtsakt« einer Eheschließung (wenn auch noch nicht um das »Heimführen« des Weibes). Dieser Akt beschließe insofern endgültig die voreheliche Zeit, als durch Erstattung des Heiratsgeldes das letzte Ehehindernis beseitigt werde, das im Einspruch des Brautvaters bestehen könnte. Die Anrede würde im Profanen bedeuten: »Ich beseitige bei deinem Vater das letzte Ehehindernis und bezahle, was er fordert; ich tue alles, um dich zur vollen und andauernden Lebensgemeinschaft zu gewinnen.«

Fünf Begriffe bezeichnen hier das »Brautgeld«, das der HERR für Israel zahlt: **zedek** (Gerechtigkeit, gemeinschaftstreues Handeln), **mischpat** (Gericht, Recht, Rechtsentscheide zur Erhaltung und Wiederherstellung einer Lebensgemeinschaft), **chäsäd** (gütiges Verhalten, das in treuer Pflichterfüllung oder auch in spontaner Liebe Verbundenheit bestätigt), **rachamim** (Barmherzigkeit, liebevolles Empfinden, das sich besonders des Hilfsbedürftigen mitleidend erbarmt) sowie **ämunah** (Treue, die wahrhaft göttliche Stetigkeit und Verläßlichkeit der endgültig gestifteten Lebensgemeinschaft). (Soweit in Anlehnung an Hans Walter Wolff.)

Gott tut alles, um Israel nach all seiner Untreue endgültig zur Ehefrau zu gewinnen! Dabei wirken Gerechtigkeit und Gericht, Güte, Erbarmen und Treue einträchtig zusammen, um das Ziel zu erreichen. Das alles »zahlt« Er als »Preis«, Er, der allen Grund hätte, sich von Israel für immer zurückzuziehen und abzuwenden. Aber weil Er der Barmherzige und Gütige ist, **will** Er das nicht, und weil Er der Treue ist – selbst da, wo Geschöpfe untreu sind –, **kann** Er es nicht.

Im Grund wurde auch dieser Kaufpreis Gottes für Israel **am Kreuz auf Golgatha** völlig bezahlt, und bei der endzeitlichen Rückgewinnung Seines Weibes wird der HERR ihr die Augen dafür öffnen.

Heinrich Langenberg schreibt zu Hosea 2, 21: »Gerechtigkeit, Recht, Gnade und Erbarmen sind vier Seiten der Liebe Gottes, die zusammengefaßt werden in dem Begriff der **Treue** Gottes.« So verwundert es nicht, daß die alttestamentliche Botschaft von der Gnade Gottes wieder und wieder verbunden erscheint mit der Kunde von der göttlichen **ämäth** und **ämunah** – Seiner Beständigkeit, Verläßlichkeit und Treue.

8. Gnade für Demütige und Gerichtete – Gnade für Sünder

Das bekannte und grundlegend wichtige Wort »**Den Demütigen gibt Gott Gnade**« (Jak. 4, 6; 1. Petr. 5, 5) geht auf das Alte Testament zurück (Spr. 3, 34). TUR-SINAI übersetzt dort: »**Den Gebeugten gibt Er Gunst.**« – Nur wer sich vor Gott demütigt und beugt, sich selbst aber richtet und anklagt, erlangt Gnade. Dem Stolzen und Selbstgerechten bleibt sie verschlossen. Ja, dem Hochmütigen widersteht Gott (Jak. 4, 6). Nicht nur Gewaltherrscher wie Nebukadnezar oder Hitler haben dies erfahren müssen, sondern auch ganz »kleine« Hochmütige erleben es fort und fort. Hochmut verdirbt die Gesinnung, verblendet die Augen, verrückt die Maßstäbe, ruft Gott auf den Plan – als Gegner!

Dem **Demütigen** aber gibt Gott Gnade. In den genannten Stellen verbinden sowohl Jakobus als auch Petrus damit großartige göttliche Zusagen: »Unterwerfet euch nun Gott! Widerstehet dem Teufel, und er wird von euch fliehen. Nahet euch Gott, und Er wird sich euch nahen.« – »So demütigt euch nun unter die mächtige Hand Gottes, auf daß Er euch erhöhe zur rechten Zeit. Alle eure Sorge werft auf Ihn . . .« Der Demütige erfährt demnach die Gnade Gottes als Kraft zum Widerstand gegen den Feind und als Sieg über Satan, als Nähe Gottes und als Erhöhung zur gottgesetzten Zeit. Zur wahren Demut gehört auch, wie Petrus in diesem Zusammenhang schreibt, alle Sorge auf Gott zu werfen. Dies geschieht im Gebet (Phil. 4, 6–7) – im ausführlichen Kundmachen aller Anliegen vor Gott. Nur so kann ich Sorgen loswerden, abgeben, indem ich alles Belastende dem Herrn bewußt und konkret nenne und überlasse. Wer dies nicht für nötig hält, ist im Grunde seines Herzens hochmütig; er meint, alles selber regeln zu können; oder er ist mißtrauisch gegen Gott; oder aber er ist zu stolz, Gottes Gnade zu erbitten, wie jene holländische Baronin, von der Karl Geyer einmal folgendes berichtet:

In Holland lebte eine Baronin, die mehrere Großgüter besaß. Sie war um die Angestellten und Arbeiter ihrer Güter sehr besorgt und tat ihnen viel Gutes. Als sie zum Sterben kam, war dies für alle ein schwerer Schlag. Vor ihrem Ende ließ sie noch einmal alle rufen. Jeder einzelne, vom obersten Inspektor an bis zum jüngsten Lehrling, durfte ihr noch einmal die Hand drücken und sich von ihr verabschieden. Die meisten hatten Tränen in den Augen und stammelten nur leise Dankesworte. – An letzter Stelle kam der siebzehnjährige Gärtnerlehrling. Er war ein lebendig gläubiger Junge und wunderte sich, daß niemand etwas mit der Herrin sprach über ihren Weg zur Ewigkeit. Als er an ihr Bett trat, faßte er sich ein Herz und fragte: »Herrin, könnt ihr auch selig sterben?« – Da setzte sich die Sterbende mit letzter Kraft auf und deutete mit ihrer abgezehrten Knochenhand nach der Tür und schrie: »Hinaus! – Lieber ewig in der Hölle als um Gnade betteln!« (Karl Geyer in »Ich bin gewiß. Der Weg zur Heilsgewißheit«, Paulus-Paperback Bd. 23, Seite 49).

Wer sich vor Gott beugt und demütigt, gehorcht Gott, betet zu Ihm, erfleht Seine Gnade und übergibt Ihm seine Sorgen. Der Demütige ist auch bereit zur Buße, zur Umkehr, und so erfährt er als Umkehrender das göttliche Erbarmen (2. Chron. 30, 9).

Ferner wird Gottes belebendes Erbarmen solchen zuteil, die sich von Gott **richten** lassen. Dies ist klare paulinische Lehre – sie ist aber keimhaft, wie so viele neutestamentliche Lehrwahrheiten, schon im Alten Testament enthalten. So lesen wir im 119. Psalm (V. 149. 156) die Bitten: »Hör meinen Ruf nach Deiner Güte, Jehovah, gemäß Deinem Richten belebe mich – Deiner Erbarmungen sind viele, Jehovah, gemäß Deinem Richten belebe mich!« Neutestamentlich geschaut, schlug das gesamte Zorngericht Gottes auf Golgatha über Jesus Christus zusammen, und als mit Ihm Gekreuzigte und Auferstandene erfahren wir nun Seine Erbarmungen und Belebungen (Eph. 2, 1–7).

So klingt auch die Wahrheit, daß Gott **Sündern** gnädig ist, wo sie demütig Ihm nahen, im Alten Testament schon an. Sie ist aber dort gegenüber den hell leuchtenden Zeugnissen des Neuen Testaments vom »Sünderheiland« (Luk. 5, 32; 15, 7. 10; 18, 13) noch relativ verborgen, und dies aus mehreren Gründen:

- Der Sohn Gottes war noch nicht auf Erden im Fleisch erschienen, um sich für die Sünder kreuzigen zu lassen.

- Auf dem Boden des Gesetzes wird dem Sünder, dem Gesetzlosen oder Gottlosen, der Gerechtigkeit und Heiligkeit Gottes entsprechend zunächst nicht Gnade, sondern Gericht verkündet – siehe

Hiob 15, 20; Psalm 9, 5 (6); 10, 15; 11, 5; 32, 10; 37, 10; 58, 10 (11); 139, 19; Sprüche 3, 33; 5, 22; 10, 24. 25. 27. 30; 11, 5; 17, 15 u. a. St.

- Unter Gesetz muß der Sünder froh sein, wenn er durch Darbringung eines **Sündopfers** (das auf das spätere wesenhafte Opfer Christi als Schattenriß hinweist) eine (vorwegnehmende) Vergebung finden darf. Diese Regelung gilt in 3. Mose 4 nur für das Sündigen »aus Versehen«! Für andere Sünden gibt es das **Schuldopfer** in Verbindung mit Sündenbekenntnis und ggf. Zurückerstattung (3. Mose 5).

- Erst für die Zukunft verheißt Gott durch die Propheten einen neuen Bund; dann wird auch die Frage der Sünde eine viel großartigere Regelung finden (Jer. 31, 31–34; Hes. 16, 63; 36, 24–27 u. a.).

Um so erstaunlicher ist vor diesem Hintergrund die Freimütigkeit des königlichen Sünders David im 51. Psalm! Dieser »Mann nach dem Herzen Gottes«, der er trotz seiner Sünde letztlich blieb – wegen seiner Demut, seiner schonungslosen Aufrichtigkeit und seines kühnen und innigen Glaubens – bittet Gott einfach, so als kenne er bereits in prophetischer Voraussicht den »Sünderheiland« oder ahne gar die Herrlichkeit paulinischer Gnadenbotschaft: »Sei mir gnädig, o Gott, nach Deiner Güte (Gnade); nach der Größe Deiner Erbarmungen tilge meine Übertretungen!« (TUR-SINAI übersetzt: »Gib Gnade, Gott, nach Deiner Liebe mir; nach des Erbarmens Fülle tilge meine Sünden!«) – »Wasche mich völlig von meiner Schuld, und reinige mich von meiner Sünde!« (Ps. 51, 1–2 bzw. 3–4). Ebenso kühn betet David in Psalm 41, 4 (5): »Jehovah, sei mir gnädig! Heile meine Seele, denn ich habe gegen Dich gesündigt!«

Esra bekennt nach der Rückkehr der Juden aus der babylonischen Gefangenschaft die große Schuld des Volkes vor Gott »von den Tagen unserer Väter an« und dankt Gott, daß Er (wenigstens) »für einen kleinen Augenblick Gnade zuteil werden ließ«, indem Er Entronnene übrigließ und dem Volk der Wahl so »einen Pflock gegeben hat an Seiner heiligen Stätte« (Esra 9, 7. 8).

Wer sich vor Gott beugt und demütigt, kann Gnade erlangen. Das zeigt schon das Alte Testament an vielen Stellen. Und es leuchtet auch schon auf – besonders in den Psalmen Davids –, daß Gott Sündern einfach aus Gnaden ihre ganze Schuld völlig vergibt. Durchgängige Lehre aber (wie in der neutestamentlichen Briefliteratur) ist dies noch nicht – eher eine Ausnahme, besser gesagt Vorwegnahme, glaubenskühner Männer des Alten Testaments. Erst im Neuen Testament begegnet uns die Gnade für Sünder mancherorts »auf Schritt und Tritt«: man gründet in der Gnade und lebt aus der Gnade.

Diese Botschaft hatte leider auch ein großes Mißverständnis zur Folge: Man gewöhnte sich an Gottes Gnade und meinte schließlich weithin, es sei sozusagen selbstverständlich und »Gottes Geschäft«, Sünden zu vergeben (auch ohne Buße und Umkehr und ernstes Flehen, einfach aufgrund einer »sakramentalen Handlung«). Gnadenbotschaft ohne vorherigen Zerbruch aber ist irreführend und gefährlich! Daher wollen wir es uns vom Alten Testament her neu sagen lassen: Gnade für Sünder ist alles andere als selbstverständlich. Sie ist so überraschend, wie Gottes Liebe überhaupt ist! Denn die Rechtfertigung eines Gottlosen (Röm. 4, 5) ist nach dem Gesetz unmöglich (Spr. 17, 15). Was aber dem Gesetz unmöglich war, das tat Gott durch die Sendung des Sohnes und die Gabe Seines Geistes (Röm. 8, 3). Nur mit großer Dankbarkeit darf man das erkennen und erfassen.

9. Gnade geben – Gnade finden

Unser Gott, der »Gott aller Gnade«, gibt gern Gnade. Er drängt sie jedoch nicht auf, sondern schenkt sie denen, die sie suchen, begehren, wollen. Gottes Wort spricht von »Gnade geben – Gnade erweisen – Gnade erzeigen – Gnade überströmen lassen«. Vom Blickpunkt des Menschen aus gesehen, wird in der Schrift an über 40 Stellen bezeugt, daß Menschen »Gnade finden«. Häufig kommt dabei der Ausdruck vor: »Gnade finden in deinen Augen.« Dies kann sich auf Menschen oder auf Gott beziehen. (Die revidierte Elberfelder Bibel von 1985 bringt den Ausdruck »Gunst finden«. Obwohl das hebräische Wort »chen« tatsächlich »Geneigtheit, Gunst, Gnade« bedeutet, bevorzuge ich hier die alte Elberfelder Übersetzung, die, wie auch die Lutherbibel von 1984, an diesen Stellen sagt: »**Gnade** finden«.)

Betrachten wir nun einige Schriftworte, die von »Gnade geben« und »Gnade finden« sprechen (hauptsächlich aus dem AT, denn mit dem NT beschäftigen wir uns so Gott will noch eingehend vom 16. Abschnitt dieses Buches an). Zunächst sei daran erinnert, daß es gar nicht selbstverständlich ist, daß Gott Gnade gibt. So enthält die Schrift auch Beispiele dafür, daß Gott **keine Gnade** gewährt. Aufgrund ihres Verhaltens empfangen hartnäckige Sünder Gericht und nicht Gnade! Das muß nicht Gottes letztes Wort sein, denn auch hinter Seinen Gerichten steht ja Seine heimsuchende Liebe; vorerst jedoch – und das kann sehr lange währen – gilt in solchen Fällen: keine Gnade!

a) Keine Gnade

Josua sollte bei der Einnahme des verheißenen Landes die gerichtsreif gewordenen Kanaaniterstämme vertilgen, »ohne daß ihnen Gnade widerführe« (Jos. 11, 20). Gott selbst wollte es so haben! Und so wie Er beim Auszug Israels aus Ägypten das Herz des Pharao verstockt hatte, so verhärtete Er in den Tagen Josuas das Herz der Feinde Israels zum Kriege, damit diese dem Götzendienst bewußt ergebenen Gottesfeinde und Israelfeinde sozusagen auf dem schnellsten Wege gerichtsreif würden – »gerichts- und rettungsreif«, wie Adolf Heller zu sagen pflegte. Wenn schon für diese gottfeindlichen Völker nach Gottes Urteil der Gerichtsweg unabwendbar geworden war, so sollte er so schnell wie möglich kommen! Je früher, schneller und heftiger das Gericht, um so eher kommt der Gerichtsprozeß zu seinem Ziel und Ende, und Wiederherstellung und Heilung können beginnen. Daß dies letztlich Gottes Gedanken mit allen Menschen sind, lesen wir zwar noch nicht im Buche Josua, aber in späteren Zeugnissen – bei Jesaja, beim Herrn selbst und bei Paulus! So ist ein schnelles, heftiges und »gnadenloses« Gericht – wobei unter Umständen Gott selbst die schon verhärteten Herzen noch mehr verhärtet, so daß die Krise, das Gericht, schnell eintritt – auf die Dauer und von Gott her gesehen doch auch **Gnade,** indem die ganze Gerichtsprozedur beschleunigt und die Gerichtszeit verkürzt wird.

In Jeremia 16 ist es Gottes auserwähltes Volk selbst, das Volk der Juden in den Tagen vor seiner Wegführung ins babylonische Exil durch Nebukadnezar, dem Gott ansagen läßt, daß Er Frieden, Gnade und

Barmherzigkeit nunmehr von ihm genommen habe. Wir lesen in den Versen 5 und 13: »Denn so spricht Jehovah: Geh nicht in ein Haus der Klage und geh nicht hin, um zu trauern, und bezeige ihnen kein Beileid; denn ich habe meinen **Frieden** von diesem Volke weggenommen, spricht Jehovah, die **Gnade** und die **Barmherzigkeit** . . . so werde ich euch aus diesem Lande wegschleudern in ein Land, welches ihr nicht gekannt habt, weder ihr noch eure Väter; und daselbst werdet ihr anderen Göttern dienen Tag und Nacht, weil ich euch **keine Gnade** schenken werde.« – Daß die göttliche Losung »keine Gnade« nicht Gottes letztes Wort an Sein Volk ist, geht bereits aus den folgenden Versen 14 und 15 hervor, die die Erlösung und Wiederheimführung des Volkes aus dem Lande der Verbannung bezeugen.

Warum Gott Gesetzlosen und Gottlosen **keine Gnade** erzeigt, wird in Jesaja 26, 9. 10 einleuchtend erklärt: »Wenn Deine Gerichte die Erde treffen, so lernen Gerechtigkeit die Bewohner des Erdkreises. Wird dem Gesetzlosen Gnade erzeigt, so lernt er nicht Gerechtigkeit; im Lande der Geradheit handelt er unrecht (oder: im Lande der Redlichkeit frevelt er) und sieht nicht die Majestät Jehovahs.« – Würde Gott mit bewußten Gottesfeinden, die Seine Gebote dreist mißachten und übertreten, nur immer freundlich reden und sie fortwährend voller Güte (umsonst) warnen, so lernten sie nie Gerechtigkeit. Sie würden sich im Gegenteil auf ihren verkehrten Wegen der Gesetzesübertretung noch bestärkt fühlen. (Hierfür liefert der Alltag fortwährend Beispiele, schon im Bereich der Kindererziehung. Jedes Kind versucht naturgemäß irgendwann, Gebote zu übertreten und »über Zäune zu springen«. Sollen die Erzieher nur zusehen, freundlich warnen und alles hinnehmen? Wo dies auf die Dauer geschieht, »lernt das Kind nicht Gerechtigkeit« und fügt sich je länger desto weniger in die Ordnungen seiner Umwelt. – Ebenso werden Krawallmacher und gewalttätige Chaoten nur in ihrem bösen Tun bestärkt und »lernen nicht Gerechtigkeit«, wenn der Staat sich nicht deutlich zur Wehr setzt.)

Zwar gilt auch Römer 2, 4, wonach uns »Gottes Güte zur Buße leitet«. Das will Gottes Güte und das vermag Gottes Güte, aber es setzt Herzen voraus, die sich leiten lassen. Der stolze Frevler lehnt das ab; ihm gegenüber muß Gott in der Sprache Seiner Gerichte reden, damit auch er Gerechtigkeit lerne – zunächst einmal Demut und Gottesfurcht, Ehrfurcht vor Seinen Geboten und Ordnungen, zuletzt aber auch noch **die Gerechtigkeit Gottes,** die Paulus aufgrund von Golgatha in seinen Briefen preist (Röm. 3, 21–26; 2. Kor. 5, 21; Phil. 3, 9).

b) Gnade in den Augen von Menschen

Gnade, Gunst und Geneigtheit in den Augen von Menschen zu finden, ist auch ein Geschenk der Güte Gottes, wenn auch längst nicht so wichtig und kostbar wie die Gabe, Gnade zu finden in den Augen Gottes selbst. Als Joseph, dieser einzigartige Vorausdarsteller des Weges Jesu Christi im Erniedrigt- und Erhöhtwerden, am Tiefpunkt seines Lebens angekommen war – verkauft nach Ägypten und ins Gefängnis geworfen –, ließ der Herr ihn gerade dort Seine Hilfe und Nähe erfahren, so daß alles, was er tat, gelang (1. Mose 39, 21. 23). »Und Jehovah war mit Joseph und wandte ihm Güte zu und gab ihm Gnade in den Augen des Obersten der Feste.«

Später, beim Auszug Israels aus Ägypten, »gab Jehovah dem Volk Gnade in den Augen der Ägypter«, wie Er es zuvor verheißen hatte (2. Mose 3, 21; 11, 3; 12, 36). So wurden die Ägypter nach den Gottesgerichten der zehn Plagen willig, Israel nicht nur ziehen zu lassen, sondern ihnen mitzugeben, was sie verlangten: silberne und goldene Geräte und Kleider, ein später »Lohn« für ihre Fronarbeit.

Sehr demütig bemüht sich Jakob, als er den Aufenthalt bei Laban und den Kampf bei Pniel hinter sich hat, um Gunst und Gnade seines Bruders Esau, den er Jahre zuvor um das Erstgeburtsrecht und den Segen gebracht hatte und der ihn darob haßte und anfeindete (1. Mose 25 und 27). Der einstige Betrüger wird bei Laban zum Betrogenen (1. Mose 29, 25). Der »Fersenhalter« und »Überlister« wird bei Pniel zum »Kämpfer Gottes« (1. Mose 32, 28). Nun aber begehrt er, Gnade zu finden in den Augen Esaus, und er läßt zu diesem Zweck sein »Versöhnungsgeschenk« vor sich herziehen, und tatsächlich findet er die Gunst seines Bruders (1. Mose 32, 20; 33, 8–10).

Die Ägypter suchten Gnade in den Augen Josephs, nachdem dieser ihnen Brot gegeben und sie vom Hungertod errettet hatte (1. Mose 47, 25). – Sogar sein sterbender Vater Jakob/Israel möchte Gnade in Josephs Augen finden sowie Güte und Treue (47, 29). – Wegen der menschlichen »Herzenshärtigkeit« (Matth. 19. 8) und nicht als Ur-Ordnung im Sinne Gottes erlaubte Mose den israelitischen Männern, ihre Frauen mit einem Scheidebrief fortzuschicken, sofern ein Mann eine Frau geheiratet und etwas »Anstößiges« (Kautzsch: Widerwärtiges) an ihr entdeckt hatte, so daß sie »keine Gnade in seinen Augen findet« (Kautzsch: sein Wohlgefallen nicht erlangt). – Ruth hingegen fand Gnade in den Augen des Boas, so daß er die Ausländerin beachtete, tröstete und ihr zum Herzen redete (Ruth 2, 2. 10. 13). – Schließlich sei noch Daniel genannt, der ähnlich wie Joseph im fremden Land die Gnade von Menschen fand (Dan. 1, 9) und zu erstaunlicher Größe aufsteigen durfte.

Menschengunst jedoch erweist sich oft als unbeständig und trügerisch; deswegen ist es von viel höherem Wert und Gewicht, Gnade zu finden in den Augen Gottes.

c) Gnade in den Augen Gottes

Unser Gott will Gnade geben! Dies bezeugt immer wieder schon das Alte Testament. »Gnade und Herrlichkeit wird der Herr geben, kein Gutes vorenthalten denen, die in Lauterkeit wandeln« (Ps. 84, 12).

Seiner Gemeinde gibt der Herr »Gnade Gottes in Christo Jesu« (1. Kor. 1, 4; 2. Tim. 1, 9). Jedem einzelnen Glied ist sie gegeben worden (Eph. 4, 7). Man muß sie nicht erst mühsam suchen, denn sie ist ja durch die Erscheinung Jesu im Fleisch, Sein vollbrachtes Werk, das vollendete Bibelwort und die Gabe des Heiligen Geistes in Fülle vorhanden, ist jedem Glaubenden im Geiste sichtbar und greifbar geworden! – Besonderer Gnade (Offenbarungsgnade, Dienstgnade, Leidensgnade), die ihm vom Herrn gegeben sei, durfte sich der Apostel Paulus rühmen. Er konnte schreiben:

»Ich habe aber zum Teil euch freimütiger geschrieben, Brüder, um euch zu erinnern wegen der Gnade, die mir von Gott gegeben ist, um ein Diener Christi Jesu zu sein für die Nationen, priesterlich dienend an dem Evangelium Gottes.« – »Als sie die Gnade erkannten, die mir gegeben ist, gaben Jakobus und Kephas und Johannes, die als Säulen angesehen wurden, mir und Barnabas die Rechte der Gemeinschaft, auf daß wir unter die Nationen, sie aber unter die Beschneidung gingen.« – »Mir, dem allergeringsten von allen Heiligen, ist diese Gnade gegeben worden, unter den Nationen den unausforschlichen Reichtum des Christus zu verkündigen« (Röm. 15, 15. 16; Gal. 2, 9; Eph. 3, 8).

Auf diese besondere Gnade kommen wir weiter unten noch eingehender zu sprechen und erwähnen sie daher jetzt nur kurz. Bleiben wir zunächst noch beim Alten Testament stehen und blicken wir auf Menschen wie **Noah, Abraham, Lot und Mose,** die Gnade fanden in den Augen **Gottes.**

Sie haben Gnade **gefunden,** also **suchten** sie danach. Es sind vereinzelte Gestalten, die sich abheben von ihrer Umgebung. Gott nimmt sie aus der Masse heraus, nicht damit sie sich auf billige Weise eines bequemen Lebens unter Gottes Gnade und Segen erfreuen, sondern um sie einer besonderen **Verschonung** oder **Gotteserscheinung** oder **Rettungsaktion** zu würdigen – Erfahrungen und Dienste, die u. U. auch zur großen Last werden konnten, wie es Mose einmal ganz offen vor Gott ausspricht.

»**Noah aber fand Gnade in den Augen Jehovahs**«, lesen wir in 1. Mose 6, 8. Inmitten von Gerichtsreife und Untergang durfte er mit seiner Familie – insgesamt acht Personen – Verschonung und Hindurchrettung erfahren. Mit ihm errichtete Gott den Noah-Bund. Mit ihm und seinen Söhnen begann eine neue Haushaltung des Planes Gottes. (Siehe das Heft »Der Plan der Zeitalter Gottes« vom gleichen Verfasser, Paulus-Verteilheft 12, 24 Seiten, DM 1,50.)

Abraham sitzt bei der Hitze des Tages am Eingang seines Zeltes, als er Besuch bekommt. Drei Männer stehen vor ihm. »Unhöflicherweise«, so könnte man meinen, redet er nur **einen** von ihnen an: »Herr, wenn ich anders **Gnade gefunden habe in Deinen Augen,** so gehe doch nicht an Deinem Knechte vorüber!« Es handelte sich aber nicht um Unhöflichkeit, sondern um die klare Erkenntnis: Einer von den dreien ist der HERR, ist JEHOVAH selber. Es ist (neutestamentlich gesprochen) JESUS! Denn da noch niemand Gott den Vater gesehen hat (Joh. 1, 18; 1. Tim. 6, 16), kann es sich bei JEHOVAH oder JAHWEH (d. h. der Seiende, Ewige, Unwandelbare), der hier erscheint und mit Abraham redet (1. Mose 18, 22), nur um den **Sohn Gottes** handeln. Die beiden anderen sind dessen Begleiter, sind Engel, die dann nach Sodom gehen, um Lot zu erretten und den Ort zu verderben (1. Mose 19, 1. 13. 22). – Abraham findet Gnade und darf mit seiner Frau Sarah den Herrn bewirten und die Verheißung des Sohnes Isaak empfangen.

Sein Neffe Lot freut sich anderntags darüber, daß er wenigstens

Gnade gefunden hat in den Augen des Engels, der mit ihm redet (1. Mose 19, 19). Aber was für ein jämmerliches Bild bietet doch Lot, dieser eigenwillige Gerechte (2. Petr. 2, 7. 8), der ohne göttlichen Auftrag in guter »christlicher« Absicht nach Sodom gezogen war, um dort einmal nach dem Rechten zu sehen. (Er saß im Tore und sprach Recht und konnte doch den Verfall und Untergang nicht aufhalten. Siehe dazu das Heft »Sodom und Gomorra – eine biblische Städtebiographie« vom gleichen Verfasser; 40 Seiten, DM 2,50, Paulus-Verlag.) Der Engel muß den gerechten Lot geradezu drängen, doch endlich »die Koffer zu packen«! Seine eigenen Schwiegersöhne lachen ihn aus, statt Buße zu tun, als er ihnen den Untergang der Stadt ankündigt. Seine Frau blickt hinter sich und erstarrt zur Salzsäule. Und Lot selbst zögert, widerspricht, verhandelt und strapaziert die Geduld des Engels aufs äußerste, der von dem Gott der Treue den klaren Befehl erhalten hatte, das Gericht erst zu vollstrecken, wenn Lot den Ort verlassen hat (19, 22). – Nein, Lot war kein von der Gnade Gottes wirklich Durchdrungener; er litt, obwohl gerecht, Mangel an Gnade (Hebr. 12, 15)!

Wie ganz anders die Gestalt des Mose! Welch innigen, vertrauten Umgang hatte er mit dem Herrn! Dies geht in feiner Weise u. a. aus 2. Mose 33, 12–18 hervor. Der Wichtigkeit wegen lassen wir diese Verse hier im vollen Wortlaut folgen.

»Und Mose sprach zu Jehovah: Siehe, Du sprichst zu mir: Führe dieses Volk hinauf, aber Du hast mich nicht wissen lassen, wen Du mit mir senden willst. Und Du hast doch gesagt: Ich kenne dich mit Namen, und du hast auch Gnade gefunden in meinen Augen. Und nun, wenn ich denn Gnade gefunden habe in Deinen Augen, so laß mich doch Deine Wege (Pläne, Absichten) wissen, daß ich Dich erkenne, damit ich Gnade finde in Deinen Augen; und sieh (bedenke), daß diese Nation Dein Volk ist! – Und Er sprach: Mein Angesicht wird mitgehen, und ich werde dir Ruhe geben. Und er sprach zu Ihm: Wenn Dein Angesicht nicht mitgeht, so führe uns nicht hinauf von hinnen! (Verse 14/15 nach Kautzsch: Da erwiderte Er: Soll ich selbst mitgehen und dich zum Ziele bringen? Er antwortete Ihm: Wenn Du nicht persönlich mitgehst, so führe uns lieber nicht von hier hinweg!) – Und woran soll es denn erkannt werden, daß ich Gnade gefunden habe in Deinen Augen, ich und Dein Volk? Nicht daran, daß Du mit uns gehst und wir ausgesondert werden, ich und Dein Volk, aus jedem Volke, das auf dem Erdboden ist? Und Jehovah sprach zu Mose: Auch dieses, was du gesagt hast, werde ich tun; denn du hast Gnade gefunden in meinen Augen, und ich kenne dich mit Namen. Und er sprach: Laß mich doch Deine Herrlichkeit sehen!«

Moses Reden mit Gott zeichnet sich hier (wie auch schon in 2. Mose 32, 11–13) durch große Freimütigkeit, ja Kühnheit aus. Doch es ist eine »Kühnheit«, die Gott gefällt, steht doch die Ganzhingabe seines Lebens, wahrer Glaube und ein priesterliches Herz für sein Volk dahinter. Fünfmal erwähnt unser Text, daß Mose Gnade gefunden hat bzw. Gnade findet bei Gott. Dabei ist »Gnade finden« für Mose nicht bloß eine schöne Redewendung, sondern er erbittet und erwartet ganz konkrete Dinge von Gott! »Wenn es wahr ist, was Du zu mir gesagt hast: ›**Du hast Gnade gefunden in meinen Augen!**‹, dann laß mich Deine Wege wissen – dann laß mich Dich erkennen – dann ziehe mit uns hinauf in das verheißene Land – dann laß mich Deine Herrlichkeit sehen!«

Hier ist nichts von einer »frommen Bescheidenheit« zu spüren; hier äußern sich Glaubensmut und inniges Vertrauen. Der Unwandelbare hatte ja, wie wenige Verse zuvor in Vers 11 berichtet wird, »**mit Mose von Angesicht zu Angesicht geredet, wie ein Mann mit seinem Freunde redet!**« (Wieder müssen wir sagen: nicht der Vater selbst, sondern Gott im Sohne!) Und so wagt es Mose, kühn zu folgern: Wenn ich in Deiner Gunst und Gnade stehe, dann laß mich Deine Wege und Absichten wissen (nicht nur mit mir, sondern mit Deinem Volk und den Völkern) und daraus Dein Wesen, Dich selbst erkennen! – Ganz konnte Gott diese Bitte Seines treuen Knechtes zu dessen Lebzeiten noch nicht erhören; denn sie greift weit über seine Zeit (den Gesetzeshaushalt) hinaus und erinnert an Johannes 15, 15 oder 1. Korinther 4, 1. – Weiter bittet Mose, Gott möge mit Seinem Volke ziehen und die Drohung von 2. Mose 33, 3 und 5 **nicht** wahrmachen! Ja, der Herr möge Israel besser überhaupt nicht in das versprochene Land führen, wenn Er nicht persönlich mitgehe! Daß Gott Mose hierin erhört hat, zeigen Stellen wie 4. Mose 35, 34 und 5. Mose 23, 14 (Luther V. 15). – Schließlich bittet er noch: »Laß mich doch Deine Herrlichkeit sehen!« Hier äußert sich, wie Karl Geyer zu sagen pflegte, die tiefste Sehnsucht des Geschöpfes überhaupt! Mose suchte nicht Gnade allein, sondern

Gnade und Herrlichkeit! Den ganzen Glanz, die volle Schönheit, die unbeschränkte Strahlkraft des Antlitzes Gottes will er schauen! Wieder eilt Mose seiner Zeit weit voraus, und so kann ihm Gott seine Bitte nur teilweise erfüllen (2. Mose 33, 20–23):

»Und Er sprach: Du vermagst nicht mein Angesicht zu sehen, denn nicht kann ein Mensch mich sehen und leben! Und Jehovah sprach: Siehe, es ist ein Ort bei mir, da sollst du auf dem Felsen stehen. Und es wird geschehen, wenn meine Herrlichkeit vorübergeht, so werde ich dich in die Felsenkluft stellen und meine Hand über dich decken, bis ich vorübergegangen bin. Und ich werde meine Hand hinwegtun, und du wirst mich von hinten sehen; aber mein Angesicht soll nicht gesehen werden.«

Zwar können wir heute die Herrlichkeit des Herrn mit aufgedecktem Angesicht schauen – alle Gläubigen dürfen es –, aber doch nur im Geist und im Spiegel des Wortes. Auf die glorreiche »Erscheinung Seiner Herrlichkeit« warten auch wir noch (Titus 2, 13), und das direkte Schauen des Angesichts Gottes in Seiner vollen Herrlichkeit wird erst im neuen Leibe möglich sein (Phil. 3, 20. 21; Offb. 22, 4). Dann wird auch ein Mose diese seine Bitte voll erfüllt bekommen.

Trotz solcher Gottesbegegnungen wurde dem Mose die Last seines Dienstes zeitweise zu schwer. So bittet er Gott einmal, wenn er wirklich Gnade in Seinen Augen gefunden habe, ihn lieber sterben zu lassen, als ihn noch länger die Last dieses Volkes tragen zu lassen – mit seinem Murren, Zürnen, Weinen, Schreien und Anklagen. Gott stellt ihm daraufhin 70 Männer zur Seite, die ihm helfen sollen, die Last zu tragen (4. Mose 11, 11. 15–17). –

Wir könnten noch einen Gideon, einen David, eine Maria (die Mutter Jesu) erwähnen, die allesamt Gnade fanden in den Augen Gottes und Ihm dienten (Richt. 6, 17; 2. Sam. 15, 25; Apg. 7, 46; Luk. 1, 30). Ihre Gnade war jeweils mit einem besonderen Erleben des rufenden und berufenden und in Dienst stellenden Gottes verbunden.

Wir schließen diese Betrachtung mit einem Vers aus Lied 682 in »Lobgesänge der Gemeinde«. Der Dichter sagt nicht nur: »Ich bin einer, **der** die Gnade fand« (was zunächst, wie wir sahen, auch biblisch ist), sondern rühmt in jedem Refrain: »Ich bin einer, **den** die Gnade fand!« Denn fürwahr: Nicht der gottsuchende Mensch ist letztlich das Thema der Heiligen Schrift, sondern der menschensuchende Gott, und nicht unser Suchen führt letztlich zum »Erfolg«, sondern das Suchen und Rufen und Berufen und Auserwählen des treuen Gottes bewirkt unsere Rettung und führt uns schließlich zur Vollendung.

> Nichts habe ich, was nicht frei ich empfing,
> durch Gottes Gnade bin ich, was ich bin!
> Rühmen sei fern, doch das sei bekannt:
> Ich bin einer, den die Gnade fand!
> Einer, den Gottes Gnade fand,
> einer, den Gottes Gnade fand!
> An mir erwiesen, sei laut sie gepriesen:
> Ich bin einer, den die Gnade fand!

10. Zuwendung durch Gnade

Gottes Gnade ist Zuneigung und Zuwendung. Echte, treue **Zuneigung** und barmherzige, dauerhafte **Zuwendung** sind Werte, an denen unsere heutige Welt immer ärmer zu werden scheint. Schon das Kleinkind braucht nichts dringender als Zuwendung, sonst kann es nicht gedeihen. Und wohl den Menschen, die bis ins hohe Alter hinein von treuer Zuwendung umgeben sind! Sie sollten dafür sehr dankbar sein!

Was aber in den »zwischenmenschlichen Beziehungen« so oft fehlt, ist bei dem »Gott aller Gnade« in Fülle vorhanden und erschließt sich dem gläubigen Beter. Nach Heinrich Langenberg soll insbesondere das hebräische Wort chäsäd (Gunst, Gnade, Geneigtheit) im Alten Testament »die Zuneigung der Liebe, Gunst oder Gnade Gottes in Verbindung mit dem Elend des Menschen oder irgendeiner besonderen Not betonen«.

In 2. Könige 13, 22. 23 lesen wir: »Hasael, der König von Aram, bedrängte Israel, solange Joahas lebte. Aber der Herr gab ihnen Gnade und erbarmte sich ihrer und **wandte sich ihnen wieder zu** um Seines Bundes willen mit Abraham, Isaak und Jakob und wollte sie nicht verderben.« (TUR-SINAI: »Hasael aber, der König von Aram, bedrängte Jisrael alle Tage des Jehoahas. Doch der Ewige schenkte ihnen Gnade und erbarmte sich ihrer und wandte sich ihnen zu um Seines Bundes willen mit Abraham, Jizhak und Jaakob und wollte sie nicht verderben.«) Hier finden wir beieinander Gottes Gnade, Erbarmen, Zuwendung, Bundestreue und Verschonung.

Im 4. Buch Mose (Buch Numeri oder hebräisch »Bemidbar«, Wüstenzug) finden wir im 6. Kapitel den Aaronitischen Segen (6, 24–26), den TUR-SINAI wie folgt übersetzt:

»Es segne dich der Ewige und behüte dich! – Der Ewige erleuchte dir Sein Antlitz und sei dir gnädig! – Der Ewige wende dir Sein Antlitz zu und gebe dir Frieden!«

Nach der Bibel von Kautzsch führt dieser Segen »in schöner Steigerung (auch der Zahl der hebräischen Worte von 3 zu 5 zu 7) in drei Gliedern von der Bitte um äußere Segnung und Bewahrung zu der um die Gnade Jahwehs als geistliche Segnung und schließlich zu der Bitte um die Gewährung des Schalom, des Friedens oder Heils, in welchem alle leibliche und geistige Wohlfahrt beschlossen ist«.

Mit diesen Worten sollen die Priester den Namen Jahwehs (der dies alles beinhaltet) auf die Kinder Israel legen.

Das Herzstück dieses Segens ist wohl die **Zuwendung des Antlitzes Jahwehs,** oder, anders übersetzt, das »Erheben Seines Angesichtes auf dich«. Der Gegensatz dazu ist das Verbergen (Jes. 54, 8; Hiob 13, 24; Ps. 13, 2 u. a.) oder gar Abwenden Seines Angesichtes (Hes. 7, 22). Letzteres bedeutet Fluch und Gericht. Im Worte Jesu in Matthäus 23, 39 finden wir beides geweissagt, Seine Abwendung und erneute Zuwendung zu Jerusalem, Sein Weggehen und Wiederkommen: »Ihr werdet mich von jetzt an nicht sehen, bis ihr sprecht: Gepriesen sei, der da kommt im Namen des Herrn!«

Unser unvergessener judenchristlicher Bruder Dr. Kahn hat die drei paarweise angeordneten Segensworte des Aaronitischen Segens so ausgelegt:

1. Der Herr schenke Segen, d. h. »Entfluchung«, Aufhebung des Fluchs. Mit wie vielen Flüchen, vom Bauernhof bis zum Schlachthof, so führte es uns Dr. Kahn drastisch vor Augen, ist allein schon ein Stück Fleisch behaftet, das bei der Mittagsmahlzeit vor uns auf dem Teller liegt. – Sind wir aber vom Herrn gesegnet worden, dann bedürfen wir der Bewahrung, damit der Segen erhalten bleibt.

2. Das Leuchten des Antlitzes Gottes deutete Dr. Kahn als Gericht. Wohin Sein Licht fällt, dort wird alles Ungute und Unreine offenbar. – Darum folgt darauf die Bitte um Gottes Gnade.

3. Beim Erheben des Antlitzes Gottes und beim Friedengeben dachte Dr. Kahn an den Wüstenzug Israels: das Zeichen zum Aufbruch und das Zeichen für eine Ruhepause. (Siehe die Auslegung des Aaronitischen Segens in dem Buch »Leben aus Glauben und Gnade«, Paulus-Paperback 7, Aufsätze von Geyer – Heller – Köberle – Kahn, 96 Seiten, DM 9,50.)

Der 67. Psalm verwertet diesen Segen als Bitte. Die Verse 2 und 3 lauten nach Eduard König: »Gott sei uns gnädig und segne uns! Er lasse Sein Angesicht bei uns leuchten. Daß man auf der Erde Deine Wege (Deine Geschichtslenkung), unter allen Nationen das von Dir ausgehende Heil erkenne!«

Die Zuwendung Jehovahs, des Unwandelbaren, verkündet der 103. Psalm in immer neuen Worten. Der Herr, der barmherzig und gnädig ist, langsam zum Zorn und groß an Güte, wird gepriesen als der Gott, der vergibt – heilt – erlöst – krönt – sättigt – erneuert – Gerechtigkeit übt – Seine Wege kundtut – und immer wieder Güte und Erbarmen erweist.

»Wende Dich zu mir und sei mir gnädig«, diese Aufforderung an Gott finden wir mehrmals in den Psalmen. Ihr folgt jeweils eine konkrete Bitte, nämlich: »Den Nöten meines Herzens schaffe Raum (oder: Die Enge meines Herzens mache weit) und führe mich heraus aus meinen Bedrängnissen« (Ps. 25, 16.17; rev. Elbf. und Kautzsch); »gib doch Deine Stärke Deinem Knecht und rette doch den Sohn Deiner Magd« (Ps. 86, 16 nach Eduard König). Im 119. Psalm aber heißt es: »Wende Dich zu mir und sei mir gnädig, entsprechend der Rechtsnorm, die den Liebhabern Deines Namens gilt! Mach meine Schritte fest durch Deine Rede« (V. 132 nach König). – So erfährt der Bittende, Suchende, Ihn Liebende die Zuwendung der göttlichen Gnade, ja die Zuwendung Seines Angesichts. Dies bedeutet Heil und Hilfe auf irgendeine Weise – weiten Raum statt Enge des Herzens, Errettung aus Bedrängnissen oder Stärke in den Bedrängnissen, Festigkeit der Schritte. Das ist Gottes Rechtsnorm für die Liebhaber Seines Namens, also weder Zufälligkeit noch Laune, sondern göttliche Norm. Mit Gottes gnädiger Zuwendung darf der Liebhaber Seines Namens fest rechnen.

11. Erhörung und Hilfe durch Gnade

Die Psalmsänger und Beter im Alten Testament rechnen in ihrer jeweiligen Lage sehr konkret, sichtbar und spürbar, mit der Hilfe der göttlichen Gnade. Sicher hat dies auch etwas damit zu tun, daß Israel im Alten Bund **irdischer** Segen in reicher Fülle zugesagt ist, während die neutestamentliche Gemeinde »gesegnet ist mit jeder **geistlichen** Segnung in den **himmlischen** Örtern in Christus« (Eph. 1, 3). Doch darf man hier nicht einseitig denken und starre Trennungslinien ziehen, wo es nur um verschiedene Schwerpunkte der Berufung geht. Israel ist doch auch so mancher geistlicher Segen zugesprochen worden; die Propheten und Psalmen sind voll davon. Und umgekehrt sind die Glieder der Gemeinde Christi Jesu auch für irdische Segnungen sehr dankbar – das zeigt nicht zuletzt die Beobachtung, wie oft auch in den Kreisen der Frommen von heute das Thema »Gesundheit« eine wichtige, manchmal zu wichtige Rolle spielt. »Berufungstypisch« aber ist für die Gemeinde nicht der irdische, sondern der himmlische und geistliche Segen, während Israel den geistlichen Segen der Gnadengegenwart Gottes immer in Verbindung mit irdischem und sichtbarem Segen für Volk und Land erwartete und im Falle des Gehorsams auch erhielt.

Wenn also im folgenden davon gesprochen wird, daß Gottes Gnade sich in Gebetserhörung und Hilfe kundtut bzw. kundtun möge, so dürfen wir solche Bitten und Erfahrungen auch auf uns anwenden, obgleich der Berufungshorizont der neutestamentlichen Gemeinde ein anderer ist als der des Volkes der Wahl. –

Daß bereits Israels **Gesetz** die göttliche Gnade und Erhörung kennt, zeigt 2. Mose 22, 25. 26 (rev. Elberfelder Text): »Falls du wirklich den Mantel deines Nächsten zum Pfand nimmst, sollst du ihm diesen zurückgeben, ehe die Sonne untergeht; denn er ist seine einzige Decke, seine Umhüllung für seine Haut. Worin soll er sonst liegen? Wenn er dann zu mir schreit, wird es geschehen, daß ich ihn erhören werde, denn ich bin gnädig.«

»Antworte – höre – heile – hilf«, so rufen die Psalmisten, insbesondere David, immer wieder aus. Achten wir auf einige solcher Psalmworte! (Verszählung gemäß Luther und rev. Elberfelder Bibel; in der unrevidierten ist in der Regel der jeweils vorausgehende Vers zu lesen, weil hier die Überschrift nicht mitgezählt wird.)

In Psalm 4, 2 sagt David: »Wenn ich rufe, antworte mir, Gott meiner Gerechtigkeit! In Bedrängnis hast Du mir Raum gemacht; sei mir gnädig und höre mein Gebet!« – Der diese Worte spricht, hat bereits manche Gebetserhörungen durch Gott erlebt, wie aus dem 30. Psalm hervorgeht, wo er einerseits fleht: »Höre, Jahweh, und sei mir gnädig! Jahweh, sei mir ein Helfer!«(V. 11), andererseits aber bezeugt, daß ihm Gott schon oft auf sein Schreien hin geholfen hat: »Jahweh, mein Gott, ich schrie zu Dir, und Du heiltest mich . . . Jahweh, in Deiner Huld hast Du meinem Berge (der die Burg Davids = »Davids Stadt« trug) Festigkeit verliehen. Du hast Dein Angesicht verhüllt: ich bin ein Erschreckter geworden. Infolgedessen rief ich, Jahweh, zu Dir und zu Jahweh flehte ich sogar: ›Welcher Gewinn (für Dich) liegt in meinem Blute, darin, daß ich zur Grube hinabsteige? Wird der Staub Dir Lob spenden, wird er Deine Treue verkündigen?‹ – Höre, Jahweh, und sei mir gnädig, Jahweh, sei mir ein Helfer! Du hast ja schon immer meine Klage mir in Reigentanz verwandelt, hast mir mein Trauergewand gelöst und mich mit Freude gegürtet, damit Dir meine Seele aufspiele und nicht schweige: Jahweh, mein Gott, in Ewigkeit will ich Dir danken« (Ps. 30, 3. 8–13 nach Eduard König).

Der Unglaube und Halbglaube will von Gebetserhörungen nichts wissen; manche versuchen sogar, durch Statistiken und Wahrscheinlichkeitsrechnungen zu »beweisen«, daß in soundsoviel Prozent der Fälle sich eine Krankheit »sowieso« zum Guten wende oder irgendeine Bedrängnis wieder weiche. Versuchen wir bitte nicht, solchen Rechnungen andere, »bessere« Wahrscheinlichkeitsrechnungen zugunsten Gottes entgegenzusetzen! Denn den großen Gott, der das All geschaffen hat und erhält, es durch Christi Tod versöhnt hat und einmal vollendet, können wir niemals durch Rechenkunststücke »beweisen«! Wohl aber können wir gleich den Psalmisten bezeugen: **»Ich rief zum Herrn, und Er hat mich erhört!«** (Ps. 120, 1 u. a.).

In dem Maße, als einer ein Gebetsleben führt – in dem Maße, als einer Gott viele Bitten vorträgt und konkret um Hilfe bittet (ohne die Art und Weise der Hilfe Gott vorschreiben zu wollen), erfährt er auch viele Erhörungen, so daß er mit dem Danken kaum nachkommt. Das kann Bewahrung im Straßenverkehr sein – Überwindung von Mattigkeit oder Depression – spürbar neue Kraft für neue Aufgaben – Weisheit für schwierige Situationen oder Gespräche – Wegnahme einer Bedrängnis oder Kraft für die Bedrängnis – Heilung einer Krankheit oder Geduld für die Krankheit – erhörte Fürbitte für die Familie oder Gemeinde – Wandlung von Sorge und Ärger in Freude und Dank, usw. – Fürwahr: Gott erhört Gebete! Möge es jeder Leser ausprobieren und reichlich erfahren!

Bei David war es Sieg über die Feinde, Rettung aus höchster Gefahr, neue Zuwendung Gottes nach einer Phase des Verbergens Seines Angesichtes, was er in Psalm 30 als Erhörung und Hilfe durch die Gnade des Ewigtreuen rühmt und preist (Ps. 30, 2–4. 8. 12).

Im 69. Psalm, einem ausgesprochenen Christuspsalm (siehe die Verse 5. 10. 21. 22!), betet David: »Erhöre mich, Jahweh, denn Deine Güte ist trefflich (oder: gut ist Deine Gnade); nach der Größe Deiner Barmherzigkeit wende Dich zu mir und verbirg vor Deinem Knechte nicht Dein Angesicht: Da ich in Bedrängnis bin, erhöre mich eiligst!« (V. 17. 18 nach Eduard König).

Ähnlich bittet er in Psalm 86, 3. 6. 7: »Sei mir gnädig, Herr! Denn zu Dir rufe ich den ganzen Tag . . . HERR, höre mein Gebet! Horche auf die Stimme meines Flehens! Am Tag meiner Bedrängnis rufe ich Dich an, denn Du erhörst mich.« – Diesem Flehen folgt erstaunlicherweise auf dem Fuße ein Anbetungsruf und sodann eine großartige prophetische Schau: »Keiner ist wie Du, Herr, unter den Göttern, und nichts gleicht Deinen Werken. Alle Nationen, die Du gemacht hast, werden kommen und vor Dir anbeten, Herr, und Deinen Namen verherrlichen!« (rev. Elbf. Text; vgl. Offb. 15, 4).

Im 41. Psalm, der ebenfalls ein Christuspsalm ist (man vergleiche Ps. 41, 10 mit Joh. 13, 18), bittet David (V. 5): »Ich sprach: Jahweh, sei mir gnädig! Heile meine Seele, denn ich habe gegen Dich gesündigt!« Und in Vers 11: »Du aber, Jahweh, sei mir gnädig und richte mich wieder auf, damit ich ihnen« (meinen Feinden und treulosen Freunden) »vergelte« (nach Kautzsch). Es ist interessant und beachtenswert, in welchen Zusammenhängen und in welcher Richtung David hier Gottes Gnade und Erhörung erbittet und erwartet: Im 5. Vers bittet er, der gesündigt hat, um **Heilung seiner Seele**; im 11. Vers um **Wiederaufrichtung zwecks Vergeltung!**

Heilung der Seele ist, wörtlich verstanden und neutestamentlich gefüllt, mehr als nur Rettung des irdischen Lebens aus Gefahr und auch noch mehr als Vergebung Gottes: ein lebenslanger Heilungs- und

Lösungs- und Umgestaltungsprozeß des durch Christus Erlösten, bis auch seine Seele völlig unter der Herrschaft des Gottesgeistes steht.

Der 11. Vers zeigt, daß David und Christus, Schattenriß und Körper, sich nicht in jeder Hinsicht entsprechen. David will an treulosen Freunden auf dem schnellsten Wege Vergeltung üben; Christus aber ging den Weg des Opfers aus Liebe als »Lamm Gottes« zu Ende und rief aus: »Vater, vergib ihnen, denn sie wissen nicht, was sie tun!« (Luk. 23, 34).

Und noch etwas fällt auf, wenn man Psalmen wie den 30. oder 41. (und ähnliche) einmal ganz liest: Weithin weisen sie auf Jesus Christus hin. Und doch gibt es auch einen Unterschied zwischen der Erfahrung gläubiger alttestamentlicher Beter und der Erfahrung des Sohnes und der Söhne. (Willy Schirrmacher hat darauf in seinem mündlichen Dienst des öfteren hingewiesen.) Christus hat auf Seinem Sohnesweg, besonders vor dem Kreuz und am Kreuz, **keine** sofortige Hilfe und Rettung erfahren, jedenfalls nicht äußerlich. Es gab und gibt Erfahrungen – für den Sohn und die Söhne –, da Gott (nicht für immer, aber eine Zeitlang) einem elenden und jämmerlichen Rufer und Beter nicht zu helfen scheint! Entgegen den Erfahrungen und Zeugnissen früherer Beter hilft Er **nicht**. Auch solche besonders harten Leidenswege Seiner Kinder kommen jedoch zutiefst aus Gottes Liebe (Hebr. 12, 1–11).

Wer aber genauer hinschaut, entdeckt diese Linie – da man zeitweilig von Gott verlassen zu sein scheint – auch schon im Alten Testament: siehe Buch Hiob oder Psalm 22!

Dies soll aber unsere Freudigkeit nicht mindern, zu Gott zu beten und Seine Erhörung und Hilfe immer wieder in Anspruch zu nehmen und zu erwarten. Ist und bleibt Er doch der barmherzige und gnädige Gott, langsam zum Zorn und reich an Gnade und Treue (2. Mose 34, 6; Psalm 86, 15).

12. Verschonung, Vergebung, Mehrung, Errettung durch Gnade

Auch in diesem Abschnitt bleiben wir vorwiegend beim Alten Testament stehen. Von Vergebung und Rettung in neutestamentlicher, besonders paulinischer Sicht soll später noch die Rede sein.

a) Es gibt Vergebung ohne Verschonung

Nicht immer ist Gottes gnädige **Vergebung** gleichbedeutend mit **Verschonung** vor Strafe oder Leid. In 4. Mose 14 **vergab** Gott Israel sein ungläubiges Weinen und Murren, in das das Volk nach der Rückkehr der Kundschafter ausgebrochen war, auf die innige Fürsprache des Mose hin, der Gott an Seine Wesensoffenbarung von 2. Mose 34, 6. 7 erinnert hatte (»Jehova ist langsam zum Zorn und groß an Güte . . .«). Dennoch verhängte Gott das Gericht, daß alle Gemusterten jener bösen Gemeinde, von 20 Jahren an und darüber, mit Ausnahme des Josua und des Kaleb in der Wüste sterben sollten; erst ihre Kinder würden das verheißene Land sehen und hineinkommen, allerdings nach 40jährigem Umherziehen in der Wüste (4. Mose 14, 26–34; 5. Mose 1–2). Ein hartes Gericht trotz Vergebung! Das bedeutet aber umgekehrt: Auch über den im Wüstensand Dahingestreckten und ihren in der Einöde umherirrenden Kinder stand Gottes Gnade, Vergebung, Verheißung und Treue, so daß die Kinder schließlich doch ins Land kamen und ihre dahingestreckten Eltern nach Hesekiel 37 noch hineinkommen werden!

Auch für David gab es nach seiner schweren Versündigung an Uria und Batseba zwar Vergebung, die er im aufrichtigen Schuldbekenntnis und in gläubigem Vertrauen erfleht hatte (Ps. 51), doch das erste Kind Davids und Batsebas mußte sterben, so sehr auch der König gefastet und die Gnade der Verschonung erfleht hatte (2. Sam. 12). Dieselbe Batseba durfte aber später die Mutter des Salomo werden.

Vierfältig – so hatte David gegenüber Nathan geurteilt – müsse ein reicher Mann erstatten, der einem Armen sein einziges Lamm wegnehme (2. Sam. 12, 6). Dieses Urteil aber fiel auf den König selbst zurück: er war es, der dem Uria die Batseba entrissen und ihn dazu noch in den Tod geschickt hatte. So mußte er in der Folgezeit tatsächlich vierfach erstatten: das erste Kind der Batseba (2. Sam. 12, 18), Amnon (13, 32), Absalom (18, 9–15. 33) und noch nach seinem Tode Adonija (1. Kön. 2, 24. 25).

b) Psalm 103 – ein Lobpreis des vergebenden Gottes

Ganz anders klingt Psalm 103, der nach Luther mit den bekannten Worten beginnt:

»Lobe den Herr, meine Seele, und was in mir ist, Seinen heiligen Namen! Lobe den Herrn, meine Seele, und vergiß nicht, was Er dir Gutes getan hat: der dir alle deine Sünde vergibt und heilet alle deine Gebrechen, der dein Leben vom Verderben erlöst, der dich krönet mit Gnade und Bamherzigkeit, der deinen Mund fröhlich macht, und du wieder jung wirst wie ein Adler« (V. 1–5).

Auch dieser Psalm nimmt wieder Bezug auf Gottes Wesensoffenbarung von 2. Mose 34, 6:

»**Barmherzig und gnädig ist der Herr,** geduldig und von großer Güte (Elbf. Bibel: langsam zum Zorn und groß an Güte). Er wird nicht für immer hadern noch ewig zornig bleiben. Er handelt nicht mit uns nach unsern Sünden und vergilt uns nicht nach unsrer Missetat. Denn so hoch der Himmel über der Erde ist, läßt Er Seine Gnade walten über denen, die Ihn fürchten. So fern der Morgen ist vom Abend, läßt Er unsre Übertretungen von uns sein. Wie sich ein Vater über Kinder erbarmt, so erbarmt sich der Herr über die, die Ihn fürchten« (V. 8–13).

Psalm 103 ist einer der wundervollsten und bekanntesten Psalmen Davids. Luthers Lied »Nun lob, mein Seel, den Herren« (EKG 188) geht darauf zurück. Es ist von Gottes unausdenkbaren Wohltaten die Rede, zu denen David als erstes die **Vergebung aller Sünde** zählt, ferner die Heilung aller Gebrechen oder Krankheiten, Erlösung vom Verderben, Erneuerung jugendlicher Kraft, Herbeiführung von Gerechtigkeit, Hilfe für Unrechtleidende, Offenbarung Seiner Wege und Taten, Mitleid mit den Staubgeborenen – und immer wieder: Gnade und väterliches Erbarmen. Hier denkt David nicht mehr an Strafen und furchtbare Gerichte, und wo von Sünde die Rede ist, geschieht es nur, um Gottes Vergebung zu preisen.

Zum 10. Vers dieses Psalms bemerkte Eduard König (»der unermüdliche Nestor der alttestamentlichen Wissenschaft« – seinerzeit

Professor und Geheimer Konsistorialrat in Bonn und hervorragender Kenner der hebräischen Sprache) in seinem 1927 bei Bertelsmann erschienenen Psalmenkommentar (S. 189):

Das »langmütige Gottesverhalten zeigte sich so: ›Nicht gemäß unseren Verfehlungen hat Er uns getan und nicht gemäß unseren Vergehungen hat Er uns vergolten.‹ Gott hat in der geschichtlichen Leitung Israels oft den Straftermin hinausgeschoben, das Strafmaß verkleinert und die Strafart verinnerlicht. Dies wird dankbar in V. 11–13 anerkannt.«

Eine Frage wird immer wieder zum 3. Vers von Psalm 103 gestellt: Stimmt es denn wirklich und darf man glauben, daß Gott ebenso, wie Er »alle deine Sünde vergibt», auch »alle deine Krankheiten oder Gebrechen heilt«? – Sicherlich vermag das Gott, und als Jesus sich in Israel in Wort und Tat als der Messias auswies, geschah es in Erfüllung von Psalm 103, 3 (nicht in ganz Palästina, sondern hier oder da, wo der Herr gerade die Zeichen des nahegekommenen Reiches tat), daß Er tatsächlich »jede Krankheit und jedes Gebrechen heilte« (Luther: »alle Krankheiten und alle Gebrechen«). Dies wird, Seine Bergpredigt und Seine zehn Wundertaten gleichsam einrahmend, in Matthäus 4, 23 und 9, 35 festgestellt.

Doch Psalm 103, 3 ist kein Versprechen Gottes, jeden Gläubigen, dem Er alle seine Sünde vergab, ebenso mit Heilung aller Krankheiten zu beschenken! Denn dann wäre Gott entweder wortbrüchig, was unmöglich ist, oder aber diejenigen hätten recht, die unentwegt argumentieren: Würdest du »richtig glauben« und Gott beim Wort nehmen, so wärest oder bliebest du nicht krank! Denn Tatsache ist ja, daß ein großer Teil der körperlichen oder seelischen Krankheiten, die auch Glaubende zu tragen haben, bei Älteren sogar der größte Teil, auf Erden nicht geheilt wird!

Einen solchen »Blankoscheck« hat Gott in Psalm 103, 3 keineswegs ausgestellt, was eine sorgfältige Exegese ohne weiteres beweist. David spricht in den Versen 1–5 von seinen persönlichen Erfahrungen mit Gott und fordert seine eigene Seele zum Lobe Gottes auf. Die Bibelübersetzungen von E. Kautzsch und Hans-Joachim Kraus (in seinem Psalmenkommentar) drücken Vers 3 sogar in der Vergangenheitsform aus: »Der dir alle deine Schuld vergab, alle deine Gebrechen heilte« (Kautzsch).

Dazu bemerkt H.-J. Kraus: »Die Situation dieses Beters und Sängers wird in den Versen 3 ff. faßbar. Er hat Vergebung aller seiner Schuld erlebt, ist aus Krankheits- und Todesnot (›Grube‹, V. 4!) errettet worden und preist nun Jahweh ›vor der großen Gemeinde‹.«

Natürlich kann Gott, was Er David an Vergebung und Heilung körperlicher oder seelischer Gebrechen und Errettung aus Todesnot erfahren ließ, auch anderen Seiner Kinder zuteil werden lassen. Das geschieht ja auch immer wieder. Doch ein Versprechen Gottes liegt in Psalm 103, 3 nicht vor. »Der alle deine Gebrechen heilt (oder heilte)« ist, es sei nochmals betont, im Zusammenhang des Textes kein Versprechen Gottes gegenüber dem Menschen, sondern ein Reden Davids zu seiner Seele, die er auffordert, angesichts aller erlebten Güte Gottes diesen Gott zu loben. – So haben wir bei Bitten um Heilungen, die wir freimütig unserem Herrn und besten Arzt bringen dürfen, stets hinzuzufügen: »wenn es Dein Wille ist«. (Siehe dazu das Buch von Dr. Paul Müller: »Unter Leiden prägt der Meister . . .«, Paulus-Verlag.) Und im übrigen sollte der Mensch, dem seine Gesundheit wichtig ist, nicht immer warten, bis etwas passiert ist, um dann Gott gleichsam wie die Feuerwehr schnell anzurufen – er darf schon vorher Gott immer wieder seinen Körper und seine Seele bringen und Ihm gedankliche Klarheit, seelische Gesundheit, gutes Augenlicht, Herz, Kreislauf, Lunge, Leber, Magen, Nieren, Galle, Nerven usw. rechtzeitig anbefehlen – parallel laufend zu einer vernünftigen und mäßigen Ernährung, ohne nun aus der Gesundheit einen Götzen zu machen.

Bei der Sündenvergebung liegen die Dinge etwas anders. Bei der Bitte um Vergebung (oder Reinigung und Heiligung oder anderen grundsätzlich gottgewollten Dingen) muß ich nicht hinzufügen: »wenn es Dein Wille ist« – so als wollte Gott gelegentlich vergeben, aber ein andermal nicht. Jedem reuig Bekennenden und um Jesu Opfers willen Glaubenden **vergibt** Gott. Das hat Er grundsätzlich zugesagt. »In Ihm **haben** wir die Erlösung durch Sein Blut, die **Vergebung** der Vergehungen« (Eph. 1, 7). Dies gilt ganz allgemein allen Glaubenden, und bezeichnenderweise schreibt Paulus hier nicht: »In Ihm haben wir die Erlösung, die Vergebung der Vergehungen und die Heilung aller Krankheiten«, weil das letztere so allgemein nicht gesagt werden könnte. –

Soviel in diesem Zusammenhang zu dem wunderbaren 103. Psalm.

c) Vergebung – ohne Tieropfer

In 3. Mose 4 (V. 20. 26. 31. 35) wird dem aus Versehen Sündigenden **Vergebung** zugesagt, wenn er in vorgeschriebener Weise ein **Sündopfer** darbringt. Im folgenden Kapitel 3. Mose 5 werden für bestimmte weitere Sünden Schuldopfer, Sündopfer und Brandopfer vorgeschrieben, verbunden mit Sündenbekenntnis und gegebenenfalls Erstattung. So kann der betreffende Sünder Vergebung erlangen.

Zu beachten ist, daß hier nicht alle möglichen schweren Sünden erwähnt werden, sondern versehentlich, ungewollt oder unbewußt geschehene wie z. B. das versehentliche Anrühren von etwas kultisch Unreinem, ein voreiliger, unbesonnener Schwur oder Diebstahlsdelikte. In diesen Fällen war unter Darbringung von Tieropfern Vergebung möglich. Andere Sünden blieben unter Fluch- und Todesdrohung (siehe 2. Mose 21, 7–27; 3. Mose 26, 14–39; 5. Mose 28, 15–68).

Diese Vergebung war im Grunde nur eine **Bedeckung** der Sünden, eine Stundung, ein »Hingehenlassen unter der Nachsicht Gottes« (Röm. 3, 25) – das wirkliche **Wegtragen** der Sünden und die **Beseitigung** des gesamten Fluches des Gesetzes für alle Glaubenden geschah erst auf **Golgatha** (Gal. 3, 13). So konnte die unter Gesetz mögliche Sündenvergebung weder allen Sündern wirklich helfen noch das Herz Gottes zutiefst befriedigen.

Das muß schon David geahnt haben, wenn er in Psalm 51, 17. 18 bekennt (unrev. Elbf. Bibel V. 16. 17): »Denn Du hast keine Lust an Schlachtopfern, sonst gäbe ich sie; an Brandopfern hast Du kein Wohlgefallen. Die Opfer Gottes sind ein zerbrochener Geist; ein zerbrochenes und zerschlagenes Herz wirst Du, Gott, nicht verachten.«

David erbittet und erwartet also im 51. Psalm eine **Vergebung ohne Tieropfer.**

Bei der Weihe des salomonischen Tempels erflehte Salomo in einem wunderbaren Gebet Gottes **Vergebung** in Verbindung mit dem Anrufen Gottes in diesem Tempel oder zum Tempel hin gewandt. Auch hier sind noch nicht alle Sünden aller Menschen gemeint, sondern nur bestimmte Sünden Israels, und natürlich spielen Tieropfer noch eine große Rolle (1. Kön. 8, 5. 62. 63). Doch Salomo erkennt bereits (ähnlich wie sein Vater im 51. Psalm über die Enge des Gesetzeshaushaltes weit hinauswachsend), daß dieses Gotteshaus Gott eigentlich nicht zu fassen vermag: »Aber sollte Gott wirklich auf der Erde wohnen? Siehe, die Himmel und der Himmel Himmel können Dich nicht fassen; wieviel weniger dieses Haus, das ich gebaut habe!« (V. 27). Unter einem »Himmel der Sterne« versteht der Physiker Bernhard Philberth die zu einer Galaxie (Milchstraße) gehörenden 100 Milliarden Sonnen, unter dem »Himmel der Himmel« die 100 Milliarden (ja bis zum Weltende Billiarden) solcher Galaxien. (»Der Dreieine«, S. 276 u. 324, Christiana-Verlag Stein am Rhein, 4. Auflage 1976).

In Jeremia 31 wird dann von Gott ein **Neuer Bund** verheißen, »nicht wie der Bund, den ich mit ihren Vätern gemacht habe«. Gottes Gesetz soll ins Innere des Menschen gelegt und aufs Herz geschrieben werden, und ohne Bezug auf irgendwelches Tierblut heißt es: »Ich werde ihre Missetat vergeben und ihrer Sünde nicht mehr gedenken« (Jer. 31, 33. 34). Denn das Blut dieses Neues Bundes ist **Jesu Blut** (Matth. 26, 28), die Sühnung der Sünden der **Welt** (1. Joh. 2, 2), nicht nur Israels.

d) Gnade als Mehrung

Segen ist Mehrung des Lebens (vgl. 5. Mose 28, 1–11). So sind Kinder nach Psalm 127, 3 ein Erbe vom Herrn und eine Belohung. Sie sind Gabe der Gnade Gottes. So antwortet Jakob seinem Bruder Esau anläßlich ihrer Wiederbegegnung und Versöhnung auf dessen Frage, wer denn da mit ihm komme: »Die Kinder, die Gott deinem Knecht aus Gnaden geschenkt hat.« So sollten Gläubige ihre Kinder als **Gnaden-geschenk Gottes** erbitten, erwarten, annehmen und in Seinem Sinne erziehen.

e) Gnade als Errettung

Die Psalmen spiegeln die mannigfachen Bedrängnisse und Nöte wider, in denen sich auch die Glaubenden auf Erden befinden können; sie preisen aber gerade auf diesem Hintergrund Gott als Retter und Erlöser.

Aus mancherlei Gerichtstiefen heraus wendet sich der Sänger des 130. Psalms an Jehovah, den Ewigseienden und Unwandelbaren. Deutlich ist die Rede von **Errettung aus Sündennot,** und die Sünden sind ja auch sehr oft der Grund für irgendwelche »Tiefen«. Eduard König (der so manche Feinheiten in seinen längst vergriffenen Kommentaren bringt, die anderen Übersetzern verborgen sind) gibt diesen Psalm folgendermaßen wieder:

»Aus Tiefen habe ich schon immer, o Ewiger, zu Dir gerufen. Herr, höre doch auf meine Stimme! Mögen Deine Ohren aufmerksam auf die Stimme meines Flehens sein: Wenn Du, Ewiger, Sünden festhältst, Herr, wer kann dann bestehen? Ja, bei Dir steht die Vergebung, daß man Dich fürchte.

Schon immer habe ich des Ewigen geharrt, hat geharrt meine Seele, und zwar hoffte ich schon immer auf Sein Wort. Meine Seele harret auf den Herrn mehr als Wächter auf den Morgen, ja Wächter auf den Morgen. Israel, harre auf den Ewigen, denn bei dem Ewigen ist die Gnade, und reichlich ist bei Ihm die Erlösung, und Er wird Israel erlösen von allen seinen Sünden.«

Im 31. Psalm bittet David: »Sei mir gnädig, Jehovah, denn ich bin in Bedrängnis; vor Gram verfällt mein Auge, meine Seele und mein Bauch« (V. 9, unrev. Elbf. Text). Es sind Gottlose und Gesetzlose, die David immer wieder anfeinden. (Daß Psalm 31 zutiefst ein Christuspsalm ist, zeigt V. 5: »In Deine Hand befehle ich meinen Geist.«) – Um **Errettung aus Bedrängnis durch Feinde** geht es auch in Nehemia 9, 27. 28; Psalm 143, 12 und Jesaja 33, 2. Die zuletzt genannte Stelle zeigt, daß der Erfahrung der Rettung des Herrn häufig ein Warten und Harren vorauszugehen hat. Darauf wies ja auch schon der 130. Psalm hin, wenn er das Harren auf den Herrn, Sein Wort und Seine Hilfe, mit dem langen und u. U. qualvollen Warten in schmerzensreicher oder gefahrvoller Nacht auf den hellen Morgen vergleicht. Gott ist kein Automat, der sich auf unser Jammern und Flehen hin in Bewegung zu setzen hätte; Er will gebeten sein, und Er will unser Warten und Harren, damit wir standhaft werden in Geduld und im Glauben geübt.

Sehr fein beschreibt Psalm 123, 2 dieses auf den Herrn und Seine gnädige Hilfe gehorsam ausgerichtete und auf Ihn mit Glaubensaugen schauende Warten: »Siehe, wie die Augen der Knechte auf die Hand ihres Herrn, wie die Augen der Magd auf die Hand ihrer Gebieterin, also sind unsere Augen auf Jehovah, unseren Gott, gerichtet, bis Er uns gnädig ist.«

13. Gnadenerweisungen an David

Vielfältige Gottesgnade hat David, der König, in seinem Leben erfahren: Vergebung aller seiner Sünde, Errettung von Feinden sowie aus Krankheits- und Todesnot. Doch eine besondere Art göttlicher Gnadenerweisung bleibt noch zu nennen: die »gewissen, beständigen, zuverlässigen, unverbrüchlichen, unwandelbaren Gnaden Davids« (Jes. 55, 3; Apg. 13, 34). Was ist darunter zu verstehen?

Es geht dabei um Davids Königtum und dessen gewisse und zuverlässige Fortdauer. In 2. Samuel 7, 8–16 wird berichtet, wie Gott durch Nathan zu Seinem Knecht David redet. Als es David in den Sinn kam, dem Höchsten einen Tempel zu bauen, ließ Gott ihm sagen: Nicht du sollst mir ein Haus bauen. Ich, der ich dich hinter der Herde weggeholt und dir beigestanden habe in allem und habe alle deine Feinde vor dir ausgerottet: Ich selbst will dir ein Haus bauen. Ich werde deinem Nachkommen (Salomo) das Königtum bestätigen. Dieser wird mir einen Tempel bauen.

Besonders bedeutsam ist in diesem Zusammenhang, daß Gott dem David ausdrücklich bestätigt, Er werde seinem Nachkommen und Nachfolger, auch wenn er sündige, zwar Züchtigung zuteil werden lassen, ihm aber Seine Gnade und das Königtum nicht entziehen. Das heißt: **Der Fortbestand des davidischen Königtums** ist letztlich **nicht abhängig vom Wohlverhalten der Throninhaber,** sondern nur von **Gottes Treue.** Und alle Gottesgerichte über das Haus und Königtum Davids sind immer nur Züchtigungen Gottes, aber nie das Ende des Bundes. Da die Nachkommen und Nachfolger Davids Sünder waren, zum Teil sogar große Sünder, ist diese Festlegung Gottes so wichtig!

Die bedeutungsvollen Verse 2. Samuel 7, 14–16 im Blick auf Davids Nachfolger lauten nach E. Kautzsch:

»Ich will ihm Vater und er soll mir Sohn sein, so daß, wenn er sich verfehlt, ich ihn mit Menschenruten und mit menschlichen Schlägen züchtige, aber meine Gnade ihm nicht entziehe, wie ich sie deinem Vorgänger entzogen habe. Vielmehr soll dein Königshaus für immer vor mir Bestand haben: dein Thron soll für alle Zeiten feststehen!«

In 2. Chronika 6, 42 erinnert Salomo bei der Tempelweihe Gott an diese Seine Zusage. Im 89. Psalm wird in bewegten Worten ebenfalls auf diesen Davidbund Bezug genommen (V. 2–5; 20–38) und anschließend geklagt, Gott habe – scheinbar im Gegensatz zu Seinem Schwur – Seinen Gesalbten verstoßen und verworfen und den Bund zerbrochen, ja, Krone und Thron zu Boden geworfen. Danach fragt und bittet der Psalmist:

»Bis wann, Jahweh, wirst Du Dich verbergen – für immer? –, soll Dein Grimm wie Feuer lodern? Wo sind Deine früheren Gnadenverheißungen, o Allherr, die Du David in Deiner Treue zugeschworen hast?« (V. 47 und 50 nach Eduard König).

Wie eine Antwort hierauf klingt Jesaja 55, 3, wo Gott Israel zusagt, ihm den Davidbund zu erneuern: »Neigt eure Ohren her und kommt her zu mir! Höret, so werdet ihr leben! Ich will mit euch einen ewigen Bund schließen, euch die beständigen Gnaden Davids zu geben.«

Eigenartig ist die Art und Weise, wie das Neue Testament auf diese »beständigen Gnaden Davids« in Apostelgeschichte 13, 34 zu sprechen kommt. Es ist der Apostel Paulus, der in der **Auferweckung Jesu Christi durch den Vater** eine Erfüllung von Jesaja 55, 3 sieht! Man möchte fragen: Was haben diese beiden Dinge, der Königsbund mit David und die Auferweckung Christi, miteinander zu tun? – Die Lösung gibt Lukas 1, 32. 33. Jesus ist berufen, Thronfolger Davids zu sein. Ja, erst in Ihm wird sich die Verheißung von der beständigen Dauer des davidischen Königtums voll erfüllen. Wäre nun Jesus im Tode geblieben, könnte das niemals geschehen. Durch die Auferweckung Seines Sohnes aber bestätigte Gott den Königsbund mit David. Nun kann der Messias Jesus als Auferstandener und kommender König »über das Haus Jakobs herrschen ewiglich, und Seines Reiches wird kein Ende sein« (Luk. 1, 33), und nicht nur über Israel, nein, auch über alle Völker wird der auferweckte Davidssproß beständig herrschen (Dan. 7, 14; Jes. 2, 1–4).

14. Israels schwerer Gnadenweg

Israel ist und bleibt Gottes auserwähltes Volk. Im Unterschied zur Gemeinde Gottes, die eine übervölkisch-internationale Berufung hat, handelt es sich um eine völkisch-nationale Berufung. Nur einmal, nur mit Israel, handelte Gott so, daß Er ein Volk als Volk berief!

Doch Auserwähltsein bedeutet nicht nur Vorzug und Vorteil, indem man vor anderen Gottes Wort und Gebot, Seine Güte und Zuwendung, Seine Führung und Geduld erfährt, es bedeutet auch, daß man vor anderen Gottes Zucht und Gericht zu spüren bekommt, Leiden und Drangsale. In jeder Hinsicht ist man Erster, Erstgeborener, Muster und Modell für andere.

So wurde Israel auf seinem schweren Weg als Volk göttlicher Wahl
a) unter Gesetz gestellt,
b) ins Exil geführt,
c) der Verstockung preisgegeben
– drei sehr harte Maßnahmen Gottes, die aber wieder nur den geeigneten Hintergrund bilden für um so herrlichere Barmherzigkeitserweise des treuen Gottes.

a) Israel wurde unter Gesetz gestellt

Das Gesetz Gottes, voran die Zehn Gebote, Israel am Sinai auferlegt, wird im Worte Gottes einerseits sehr positiv bewertet: Es ist eine gute Wegleitung, Hilfe, Schutz, Zaun (Eph. 2, 14), um nicht in den Abgrund der Gesetzlosigkeit zu stürzen. Für diese gute Wegweisung kann man nur dankbar sein (vgl. Psalm 119). Auf der anderen Seite aber ist das Gesetz vom Sinai hart und streng und mit Fluchandrohung verbunden. Im Gesetz offenbart sich Gott als der unerbittlich fordernde heilige Gott! Jesus, der in der Bergpredigt das Gesetz noch verschärft und ad absurdum führt, verlangt sogar (Matth. 5, 48): »Ihr sollt vollkommen sein, wie euer himmlischer Vater vollkommen ist!« – Das Gesetz kann man nur ganz halten oder gar nicht, nicht halb oder dreiviertel, so wie ein Zaun ganz dicht sein muß. Hat er ein großes Loch, ist er als Zaun wirkungslos und könnte fast ebensogut fehlen. Daher gilt Jakobus 2, 10 in aller Schärfe: »Wer das ganze Gesetz hält, aber in **einem** strauchelt, ist aller Gebote schuldig geworden.« Und darum verheißt Gott Seinen Segen unter Gesetz nur denen, die »genau gehorchen« und »darauf achten, **alle** Gebote zu tun«, andernfalls kommen **alle** Flüche (5. Mose 28, 1. 2. 15). Fürwahr, der »Fluch des Gesetzes« ist furchtbar! Wohl uns, daß Jesus Christus kam, um alle Glaubenden »loszukaufen vom Fluch des Gesetzes« (Gal. 3, 13)! Und so hat der gnädige Gott Israel letzten Endes nur darum das Gesetz auferlegt, von dem Er von vornherein wußte, daß sie es nicht würden halten können, so daß alle Flüche des Gesetzes in Kraft treten würden, weil Er Israel durch Sündenerkenntnis reif machen wollte für Jesus Christus! »Durchs Gesetz kommt Erkenntnis der Sünde«, und so ist das Gesetz »unser Zuchtmeister auf Christus hin geworden« (Röm. 3, 20; Gal. 3, 24).

Aber schon auf dem Boden des Gesetzes begegnet uns Gottes Gnade! So sehr wir auch im Heilsplan Gottes unterscheiden dürfen und sollen zwischen Gesetzeshaushaltung und Gnadenhaushaltung (Joh. 1, 17; Eph. 3, 2), so hat doch Gott in der Zeit des Gesetzes Seine Gnade und Barmherzigkeit nicht völlig außer Kraft gesetzt. Im Gegenteil! Wir haben schon weiter oben auf Gottes »Vorbehaltsklausel« im Gesetz hingewiesen (2. Mose 33, 19): »Wem ich gnädig bin, dem bin ich gnädig, und wessen ich mich erbarme, dessen erbarme ich mich.« Mit anderen Worten: Gott behält sich vor – um Seines Namens und Wesens willen – unabhängig vom Buchstaben des Gesetzes doch jederzeit, wann und wo es Ihm beliebt, Gnade und Erbarmen zu üben. Zutiefst und allumfassend tat Er dies auf Golgatha!

b) Israel wurde ins Exil geführt

Nehemia 9 enthält ein wunderbares Bußgebet der aus dem babylonischen Exil zurückgekehrten Israeliten. Es beginnt mit dem herrlichen Lobpreis (V. 6): »Jahweh/Jehovah, DU bist DERSELBE (d. h. der Unveränderliche), DU allein! DU hast die Himmel gemacht, der Himmel Himmel und all ihr Heer, die Erde und alles, was darauf ist, die Meere und alles, was in ihnen ist. Und Du machst dieses alles lebendig, und das Heer des Himmels betet Dich an!« – Dann folgt in diesem Gebet ein Rückblick auf Israels Geschichte, beginnend mit Abraham und Mose und der Landnahme in Kanaan. Danach wird in den Versen 26–31 ausgeführt, wie die Israeliten in der Richter- und

Königszeit immer wieder dem Herrn widerstrebten und Gott sie verschiedene Male in die Hand ihrer Feinde dahingab, bis zum Exil in Babylon. »Aber nach Deiner großen Barmherzigkeit hast Du mit ihnen nicht ein Ende gemacht noch sie verlassen; denn Du bist ein gnädiger und barmherziger Gott« (V. 31).

In ähnlicher Weise blickt Psalm 106 auf Israels Geschichte zurück: auf Israels Sünde und Gottes Handeln an Seinem Volk in Gericht und Gnade. In den Versen 43–46 lesen wir:

»Oftmals errettete Er sie; sie aber waren widerspenstig in ihren Anschlägen, und sie sanken hin durch ihre Ungerechtigkeit. Und Er sah an ihre Bedrängnis, wenn Er ihr Schreien hörte; und Er gedachte ihnen zugut an Seinen Bund, und es reute Ihn nach der Menge Seiner Gütigkeiten. Und Er ließ sie Erbarmen finden vor allen, die sie gefangen weggeführt hatten.«

Immer wieder, wenn sich Gottes Gerichte in die Länge zogen, wurden auch bange Zweifelsfragen wach, wie in Psalm 77, wo Asaph fragt (V. 8–10): »Wird der Herr auf ewig verwerfen? . . . Ist zu Ende Seine Güte für immer? . . . Hat Gott vergessen, gnädig zu sein?«

Doch Gottes Güte und Treue behalten stets das letzte Wort.

> Ist die rechte Zeit nur da,
> so wird alles lauter Ja.

So weissagt der Prophet Jesaja (30, 18): »Und darum wird Jehovah verziehen, euch gnädig zu sein, und darum wird Er sich hinweg erheben, bis Er sich euer erbarmt; denn Jehovah ist ein Gott des Gerichts. Glückselig alle, die auf Ihn harren!«

Im 102. Psalm (V. 14 bzw. 13) sieht der Psalmist, der um Zions Wiederherstellung betet, die Zeit für gekommen, daß Gott wieder gnädig sei: »Du wollest aufstehen und dich Zions erbarmen; denn es ist Zeit, daß Du ihm gnädig seist, und die Stunde ist gekommen.«

Schließlich war es soweit, und in dem nachexilischen Propheten Sacharja läßt der Herr sagen: »Ich habe mich Jerusalem mit Erbarmen wieder zugewandt . . . Meine Städte sollen noch überfließen von Gutem« (1, 16. 17).

c) Israel wurde der Verstockung preisgegeben

Das schlimmste Gericht aber stand noch bevor. Die Rückkehr aus der babylonischen Gefangenschaft, der Wiederaufbau Jerusalems und des Tempels bedeuteten noch nicht Israels endgültige Erlösung. Als Jesus zu Seinem Volk kam und abgewiesen und gekreuzigt wurde und als dann auch der Heilige Geist von der Masse des Volkes zurückgewiesen wurde (Apg. 7, 51), zeichnete sich in der folgenden Zeit immer deutlicher Israels Verstockung ab, die Verhärtung des Herzens. Die Apostel und besonders Paulus bekamen das zu spüren. Feindlich gesonnene Juden verfolgten Paulus von Stadt zu Stadt. Seine große Traurigkeit darüber bringt er in Römer 9, 1–5 zum Ausdruck: Ausgerechnet die, welche Israeliten sind, Gottes erstgeborener Sohn in der Völkerwelt (völkische Sohnschaft: 2. Mose 4, 22!), denen Gott Gesetz und Verheißungen gab, mit denen Er mehrere Bündnisse schloß (Abrahamsbund, Mosebund, Königsbund mit David), die die Herrlichkeit Gottes in der Wolken- und Feuersäule schauten und in Stiftshütte und Tempel die Gegenwart Gottes erlebten – ausgerechnet sie, die Glieder meines Volkes, aus dem der Messias dem Fleische nach kommt, sind verstockt worden!

In Römer 9–11 denkt er im Heiligen Geist über diese schwere Problematik nach. Im 11. Kapitel kommt er zu dem Ergebnis: **Gott** war es, der die Masse Israels seines Unglaubens wegen verstockt hat, und **Gott** wird die Verstockung auch wieder wegnehmen. Zuvor muß die »Vollzahl der Nationen«, die Gemeinde Gottes und Christi, eingegangen sein. Das letzte Wort behält auch hier Gottes Barmherzigkeit und Treue. Auch die jetzt Verstockten bleiben Geliebte um der Väter willen und gehören zu dem »ganzen Israel«, das Gott retten wird. Für Israel wie für die Nationen gilt: »Gott hat alle zusammen in den Ungehorsam eingeschlossen, damit Er sich aller erbarme« (Röm. 11, 8. 23–32). Diese Wiederannahme Israels am Ende der Tage hatten auch schon die Propheten geschaut (Hosea 3, 5; 2, 1; Sach. 12, 10).

Gottes Erbarmen übersteigt Israels Sünde und Gericht so sehr, daß schon Jesaja schreiben konnte (54, 7. 8. 10): »Ich habe dich einen kleinen Augenblick verlassen, aber mit großer Barmherzigkeit will ich dich sammeln. Ich habe mein Angesicht im Augenblick des Zorns ein wenig vor dir verborgen, aber mit ewiger Gnade will ich mich deiner erbarmen, spricht der Herr, dein Erlöser. Denn es sollen wohl Berge weichen und Hügel hinfallen, aber meine Gnade soll nicht von dir weichen, und der Bund meines Friedens soll nicht hinfallen, spricht der Herr, dein Erbarmer.«

Und in Jeremia 33, 25. 26 ruft der Unwandelbare sogar die Naturordnung – mit dem Wechsel von Tag und Nacht – zum Zeugen an für Seine beständige Treue zu Israel: »So spricht der Herr: Wenn ich jemals meinen Bund nicht hielte mit Tag und Nacht noch die Ordnungen des Himmels und der Erde, so wollte ich auch verwerfen das Geschlecht Jakobs und Davids, meines Knechtes, daß ich nicht mehr aus ihrem Geschlecht Herrscher nehme über die Nachkommen Abrahams, Isaaks und Jakobs. Denn ich will ihr Geschick wenden und mich über sie erbarmen.« – Das heißt: Es müßte schon des Morgens nicht mehr hell und des Nachts nicht mehr dunkel werden, bevor auch nur daran gedacht werden könnte, daß Gott Israel gegenüber untreu werden könnte. »Täglich neu wendet Jahweh den Seinen Güte und Erbarmen zu. Seine Bundesordnung ist so beständig wie die Naturordnung« (H.-J. Kraus, Klagelieder, Neukirchen 1958, S. 57).

15. Alles Heilsgeschehen ist Güte

Hier soll – zum Abschluß des alttestamentlichen Teils – von Psalm 136 die Rede sein. In jedem seiner 26 Verse lautet der Refrain: »**denn Seine Güte währet ewiglich**«. Andere Übersetzer sagen:

>»ja, ewig währt Seine Huld« (H.-J. Kraus, Kommentar),
>»denn ewig währt Seine Gnade« (E. Kautzsch),
>»denn in Ewigkeit waltet Seine Huld« (Eduard König, Kommentar),
>»daß ewig Seine Liebe« (TUR-SINAI).

Dieser 26mal vorkommende Kehrvers wurde wohl jeweils von einem Chor – als Antwort des Volkes auf die Worte des Vorsängers im ersten Halbvers – dazwischen gesungen. 26mal – dies ist der Zahlwert des Jahweh-Namens – wird also hier Gottes chäsäd, Seine huldvolle Güte, gepriesen. Die Motive dazu sind Lob und Dank angesichts der Großtaten Jahwehs als Schöpfer (1. Mose 1), als Ausführer Seines

Volkes aus Ägypten und Geleiter durch die Wüste (2. Mose 11–15 und 4. Mose 21, 21–35) sowie ganz allgemein als Retter und Wohltäter. »Die Gemeinde des Alten Bundes . . . lebt von den Wundern, die ihr Gott gewirkt« (H.-J. Kraus, Psalmen, Neukirchen 1960, S. 903). Schon Gottes Schöpfungswirken, die Erschaffung von Himmel und Erde, ist Gnade und Güte (V. 4–9), sodann all Sein Handeln in der Geschichte. Es klingt allerdings eigenartig, wenn Gott in den Versen 17–18 mit den Worten gelobt wird:

> »der große Könige schlug, denn ewig währt Seine Gnade, und majestätische Könige tötete, denn ewig währt Seine Gnade«.

Gewiß, die Tötung dieser Könige bedeutete Israels Rettung und war insofern Güte und Liebe Gottes. Aber diese Könige selbst? Empfanden sie auch Gottes Güte? War Gott ihnen gegenüber nicht eher grausam? Zutiefst besehen entspringen auch alle Gerichte, die Gott genehmigt, Seiner Güte. Sie widersprechen Seinem Liebeswesen nicht. Denn »wird dem Gesetzlosen Gnade erzeigt, so lernt er nicht Gerechtigkeit«. Wenn aber Gottes Gerichte die Erde treffen, so lernen Gerechtigkeit die Bewohner des Erdkreises (Jes. 26, 9. 10). Auch mit dem, der gerichtet wird, verfolgt Gott Heilsabsichten: er muß zunichte werden an eigener Weisheit und Kraft und Gerechtigkeit, um Gottes Gerechtigkeit und Weisheit und hernach auch Seine Güte und Liebe kennenlernen zu können. Musterbeispiele für solches Handeln Gottes sind in der Bibel Nebukadnezar, Saulus von Tarsus und der Verlorene Sohn.

Gnade im Neuen Testament

16. Gnade in Jesu Person und Leiden

Im Neuen Testament haben wir es entsprechend der anderen Urtextsprache (statt des Hebräischen bzw. Aramäischen nunmehr das Griechische) mit neuen Bezeichnungen für Gottes Barmherzigkeit und Gnade zu tun. (Sie decken sich natürlich weithin mit den Begriffen des AT und sind auch weitgehend geprägt vom Wortgebrauch der Septuaginta, der Übersetzung des Alten Testaments ins Griechische.)

Die Septuaginta (LXX) gibt die Worte barmherzig und gnädig (hebr. rachum und channun) mit oiktirmon und eleämon wieder (Ps. 86, 15; 103, 8; 111, 4; 145, 8). So spielen auch im Neuen Testament folgende Worte eine wichtige Rolle:

oiktirmos = Mitleid, Erbarmen, Barmherzigkeit;
oiktirmon = mitleidig, barmherzig;
eleos = Erbarmen, Barmherzigkeit;
eleämon = barmherzig, mitleidig;
splangchnon und splangchnizomai (urspr. »Eingeweide«): Herz, Barmherzigkeit, Sitz der Gefühle; innerlich bewegt werden, sich erbarmen;
charis = Gnade, Gunst, Huld, Wohlwollen, Anmut, Gnadentat.

Das zuletzt genannte Wort kommt nach dem »Theologischen Begriffslexikon« (R. Brockhaus Verlag) 155mal im Neuen Testament vor, davon 100mal bei Paulus, während es bei Matthäus und Markus ganz fehlt. Es ist überhaupt auffallend, wie selten das Wort »Gnade« in den vier Evangelien vorkommt. Müßten sie nicht eigentlich voll davon sein? Bezeugen sie nicht den Fleisch gewordenen Herrn, in dem die Gnade Gottes leibhaftig unter uns Menschen erschienen ist (Titus 2, 11; Joh. 1, 17)? Wie ist dieser »Mangel« zu erklären?

Sehr fein sagt Heinrich Langenberg in seiner Biblischen Begriffskonkordanz: **»Jesus hat nicht über die Gnade gesprochen, aber Er hat sie wesenhaft dargestellt.«** Das Wort Gnade (charis) komme in Seinem

Munde nur im Sinne von Dank vor (Luk. 6, 32–34). Ähnlich urteilt das »Theologische Begriffslexikon« über diesen Tatbestand: »In der Verkündigung Jesu ist vermutlich der Gnadenbegriff im Sinne der unverdienten Zuwendung Gottes nicht vorgekommen, aber die Inhalte Seiner Verkündigung und Sein gesamtes Handeln vergegenwärtigen Gottes Herablassung zu den Gebrechlichen, Armen, Hoffnungslosen, Verlorenen.«

Sicherlich spielt hier noch ein anderer, häufig übersehener Grund eine Rolle: Bis zu Jesu Kreuzestod und Auferstehung **herrschte das Gesetz.** Jesus selbst wurde »unter Gesetz getan« (Gal. 4, 4). Obwohl innerlich in der Vollmacht des Sohnes Gottes über jeder Gesetzesenge stehend – so daß Er die Gesetzesfanatiker zuweilen mit Worten wie Markus 2, 27 in die Schranken weisen konnte: »Der Sabbat ist um des Menschen willen gemacht und nicht der Mensch um des Sabbats willen« –, stellte Er sich in Wandel und Lehre grundsätzlich unter das Gesetz (Luk. 2, 39. 41. 42; 10, 25–28). **Vor Golgatha** erscholl weder das »Wort vom Kreuz« (von einigen Andeutungen, besonders im vierten Evangelium, abgesehen), noch gab es ein Evangelium Gottes für die Heidenwelt, die Nationen. Auch die Bergpredigt steht noch voll und ganz auf Gesetzesboden! Sie ist sogar ungeheuer verschärftes und ad absurdum geführtes Gesetz, außerdem Reichsproklamation und Jüngerlehre – aber nicht Evangelium Gottes und Wort vom Kreuz! (Siehe Heinz Schumacher: »Jesus, der Retter, ist da«, Seiten 32–43, Paulus-Verlag, 200 Seiten.)

Wie wir aber schon vielfältig gesehen haben, enthält auch das Gesetz Alten Bundes viele Hinweise auf Gottes Gnade und Barmherzigkeit – so als könne Gott es gar nicht abwarten, sie zu offenbaren. Und so sprach auch Jesus auf Erden, ohne das Wort charis schon im paulinischen Sinn zu verwenden, von der göttlichen Barmherzigkeit. Wie wunderbar stellt Er im Gleichnis vom unbarmherzigen Knecht den barmherzigen **Schuldenerlaß Gottes** dar (Matth. 18, 26. 27)! Und wie eindrucksvoll und unnachahmlich tief und schön zeigt das Gleichnis vom Verlorenen Sohn Gottes suchende und wartende **Liebe zum Verlorenen** und Seine herzliche **Bereitschaft zu Vergebung und Wiederannahme** (Luk. 15)! Wenn die Volksmengen Jesus umlagerten, verschmachtet und zerstreut wie Schafe, die keinen Hirten haben, so »jammerte es Ihn« bzw. »wurde Er innerlich bewegt über sie« (griech.

splangchnizomai). Andere Übersetzer sagen hier (Matth. 9, 36): »Beim Anblick der Volksmengen aber erfaßte Ihn tiefes Mitleid, denn sie waren abgehetzt und verwahrlost (erschöpft und verschmachtet, geschunden und preisgegeben) wie Schafe, die keinen Hirten haben.«

Zwei Kapitel später überliefert Matthäus das Jesuswort (11, 28): »Kommet her zu mir alle, die ihr mühselig und beladen (niedergedrückt und belastet) seid; ich will euch erquicken. Nehmet auf euch mein Joch und lernet von mir; denn ich bin sanftmütig und von Herzen demütig; so werdet ihr Ruhe finden für eure Seelen!«

Das sind andere Töne als am Sinai, obwohl Jesus vorerst noch auf Gesetzesboden stand!

Es war zuweilen in Jesu Erdentagen, als komme alles menschliche Elend gebündelt in Seiner Gegenwart zusammen: die Aussätzigen, Besessenen, Fieberkranken, von Naturgewalten Bedrohten, die Lahmen, Blinden, Blutflüssigen, Leidtragenden, Stummen – und vor allem: die Sünder (siehe Jesu 10 Wundertaten nach Matth. 8 und 9!). Und wenn sie mit dem Ruf »Kyrie, eleison« (Herr, erbarme dich) Ihm nahten, so half Er ihnen nach Seiner großen Barmherzigkeit (Matth. 9, 27; 15, 22; 17, 15; 20, 30. 31; Luk. 17, 13). Doch die Berichte des Neuen Testamentes zeigen auch, daß der Ruf »Erbarme dich« in bestimmten Situationen nicht (Luk. 16, 24) oder nicht sofort (Matth. 15, 22) Erhörung fand, denn Gott ist kein Automat und Sein Erbarmen kein Zwang, sondern freier Wille Seiner Liebe.

Fürwahr: Jesus redete nicht viel von der Gnade, aber Er **stellte sie dar.** In Seiner Person traten Gottes Gnade (Barmherzigkeit, innerste Herzensregungen) und Wahrheit (Wesenhaftigkeit, Wirklichkeit) in unsere Mitte – vorerst in Israel. Darum kann Johannes bezeugen:

»Das Wort ward Fleisch und wohnte unter uns, und wir sahen Seine Herrlichkeit, eine Herrlichkeit als des eingeborenen Sohnes vom Vater, voller Gnade und Wahrheit . . . Und von Seiner Fülle haben wir alle genommen Gnade um Gnade. Denn das Gesetz ist durch Mose gegeben; die Gnade und Wahrheit ist durch Jesus Christus geworden« (Joh. 1, 14. 16. 17).

Und auch Lukas sieht bei Christi Kommen innerste Herzensregungen Gottes am Werk, wie die Lobgesänge der Maria und des Zacharias bezeugen:

»Er gedenkt der Barmherzigkeit und hilft Seinem Diener Israel auf . . . durch die herzliche Barmherzigkeit unseres Gottes, in welcher uns besucht hat der Aufgang aus der Höhe, um denen zu leuchten, die in Finsternis und Todesschatten sitzen« (Luk. 1, 54. 78. 79).

Wie viele Verlorene, Suchtgebundene (Alkohol, Drogen, Rockmusik, Sex), AIDSkranke, Aggressive, Kriminelle, Depressive, Verängstigte, Verfolgte, Gefolterte, schwerkrank Darniederliegende – wie viele von Satan und Sünde, Sucht und Sorge Beherrschte kennt doch unsere heutige Zeit! Das Massenelend hat nie dagewesene Dimensionen erreicht. Dabei dürfen wir aber wissen: Die Herzensgesinnung Gottes gegenüber allen Erschöpften und Verschmachteten, Abgehetzten und Verwahrlosten ist auch heute dieselbe, wie sie unser Herr damals offenbart hat: »Es jammerte Ihn« – »Ihn erfaßte tiefes Mitleid« – »Er wurde innerlich bewegt über sie«. Diese Gesinnung soll auch in uns, den Seinigen, wohnen. Allerdings hilft Gott nicht immer dann, **wann** die Menschen es wollen, noch so, **wie** sie es wünschen. Und Er hilft jeweils nur solchen, die Ihn **fürchten und suchen**. Alle anderen führt Er durch **Gerichte** zum Heil.

Gelegentlich **sprach** Jesus auch von der Gnade und vom Erbarmen Gottes. Worte der Gnade kamen aus Seinem Munde (Luk. 4, 22). In Auseinandersetzungen mit den Pharisäern und Schriftgelehrten, den hartherzigen Gesetzestreuen, konnte Sein heiliger Zorn entbrennen. Streng wies Er sie darauf hin, daß schon im Alten Testament über das mosaische Gesetz mit dem Gotteswort hinausgewiesen wird: »Ich habe Wohlgefallen an Barmherzigkeit und nicht am Opfer« (Matth. 9, 13; 12, 7).

Gott, der Barmherzige und Gnädige, verlangt auch von uns Menschen Barmherzigkeit! Darin sind sich Gesetz und Evangelium einig. Nur wird im Gesetz gewissermaßen eine »Vorleistung« des gehorsamen Menschen gefordert, damit Gott ihm gnädig sei. Auf dem Boden des Evangeliums aber wird uns Gottes Gnade geschenkweise und völlig unverdient zuteil, und unser gottwohlgefälliger Wandel soll als Dank und Frucht zutage treten.

In Verbindung mit dem Gebot der Feindesliebe fordert Jesus kategorisch: »Seid barmherzig, wie euer Vater barmherzig ist!« (Luk. 6, 36; vgl. 10, 37). In der Parallelstelle Matthäus 5, 48 lauten die Worte sogar: »Seid vollkommen, wie euer Vater im Himmel vollkommen ist!« – Beides gehört zusammen, so daß man sagen kann: Gottes **Vollkom-**

menheit besteht zutiefst in Seiner **Barmherzigkeit** – in der Herablassung und Huld Seiner Liebe, die sogar Seinen Feinden gilt. Er hat ja auch uns schon geliebt, als wir noch Feinde und Sünder waren (Röm. 5, 8. 10). Dies geschah auf Golgatha. So sind das Leiden und Sterben unseres Herrn Jesus Christus die tiefste Offenbarung der göttlichen Gnade und Barmherzigkeit. »Größere Liebe hat niemand als die, daß er sein Leben läßt für seine Freunde« – wir dürfen ergänzen: ja, sogar für seine Feinde! (Joh. 15, 13; 3, 16; Röm. 8, 10). Das tat der Gott, der alle Menschen zeitweilig in den Ungehorsam eingeschlossen hat, damit Er sich aller erbarme (Röm. 11, 32).

In Jesu Person und Leiden wurde Gottes Barmherzigkeit und Gnade nicht nur verkündigt, sondern wesenhaft dargestellt und ausgelebt in Liebe bis hin zum Tode, ja zum Tode am Kreuz.

Es gibt nur Einen, der bewiesen,
daß Er in Wahrheit mich geliebt.
Er ließ Sein Blut am Kreuze fließen,
obgleich als Feind ich Ihn betrübt.
Sein Herz blieb dennoch mir geneigt.
Das hat Sein Opfertod gezeigt.

Von Liebe redeten mir viele,
und keiner hielt, was er versprach.
Sie hatten alle eigne Ziele
und gingen ihren Wünschen nach.
Doch dieser hat entäußert sich
und kam zu mir und starb für mich.

Die Liebe hat mich überwunden,
mein ganzes Herz genommen hin.
Nun hab ich endlich heimgefunden
und weiß, daß Gottes Kind ich bin.
So will auch ich nichts andres mehr
und geb mich ganz der Liebe her.

Karl Geyer (1893–1955)
(»Lobgesänge der Gemeinde« Nr. 300)

17. Gnade in der Jerusalemer Urgemeinde

Nachdem Jesus »durch Gottes Gnade für alle den Tod schmeckte« (Hebr. 2, 9) und »auferweckt wurde durch die Herrlichkeit des Vaters« (Röm. 6, 4), begann sich Gottes **Gnade** in der **Gemeinde** Christi Jesu zu entfalten – zunächst in Israel, dann auch unter den Nationen.

»Große Gnade war auf ihnen allen«, lesen wir von den Aposteln, allen voran Petrus und Johannes, die mit großer Kraft die Auferstehung des Herrn Jesus Christus bezeugten (Apg. 4, 33). »Sie erfreuten sich allgemeiner Beliebtheit«, wie eine Übersetzung hier sagt, ist doch wohl eine zu schwache Wiedergabe, obwohl das griechische Wort charis auch Gunst bedeuten kann. Nein, Gottes Gnade erwies sich mächtig in ihnen und durch sie.

»Voll von Gnade und Kraft« wirkte damals auch Stephanus in der Mitte der ersten Christen (siehe Apg. 6 und 7). Er tat Wunder und große Zeichen unter dem Volk. Umsonst versuchten seine Gegner, ihn mit Worten zu bekämpfen. Sie vermochten nicht zu widerstehen der Weisheit und dem Geist, in dem er redete. Da stellten sie falsche Zeugen gegen ihn auf, und schließlich, nach seiner großartigen Verteidigungs- und Anklagerede, griffen sie zu den Steinen und töteten ihn, und er wurde der erste christliche Märtyrer. So groß war die Gnadenkraft in ihm und die Herrlichkeit Gottes, die sich an ihm erwies, daß es vor seiner großen Rede heißt: »Alle, die im Rat saßen, blickten auf ihn und sahen sein Angesicht wie eines Engels Angesicht«, und im Anschluß an seine Rede, kurz vor seiner Steinigung: »Als er aber, voll Heiligen Geistes, unverwandt gen Himmel schaute, sah er die Herrlichkeit Gottes und Jesus zur Rechten Gottes stehen.« Der Herr, der erhöhte Christus, sitzend zur Rechten Gottes, war seinetwegen aufgestanden!

Bei seiner Steinigung legten die Zeugen ihre Kleider zu Füßen eines jungen Pharisäers ab, der an seiner Tötung Gefallen hatte – Saulus.

Schon bald zog das Evangelium nach dem Willen Gottes weitere Kreise, über Jerusalem und das Judentum hinaus. Petrus predigte im Hause des heidnischen Hauptmanns Kornelius, und aufgrund des gehörten Wortes öffneten sich die ersten Herzen von Menschen aus den Heiden (Nationen, Nichtisraeliten) für Gottes Gnadenwort und Geistesmitteilung (Apg. 10). Auch in der Weltstadt Antiochia gelangte die

Heilsbotschaft vom gekreuzigten und auferweckten Messias und Gottessohn nicht nur zu den Juden, sondern auch zu Griechen (Hellenen, Apg. 11, 20. 21). Einige namenlose Flüchtlinge verkündigten ihnen den Herrn Jesus, und eine große Zahl wurde gläubig. Werner de Boor fragt in der »Wuppertaler Studienbibel, Apostelgeschichte«: »Waren jene Männer aus Kyrene und Zypern so geschickte Missionare, so überzeugende, so vollmächtige Geistesmenschen?« Er antwortet: »Lukas sieht den Grund des Erfolges ganz woanders: ›Es war die Hand des Herrn mit ihnen.‹ So wurden diese namenlosen Männer aus dem Volk, ohne Ausbildung, ohne Ordination, ohne Missionsgesellschaft, ohne Plan ganz entscheidende Pioniere der Heidenmission.«

Als dann Barnabas von Jerusalem aus nach Antiochia an den Schauplatz dieses Geschehens geschickt wurde, erlebte er ganz einfach folgendes: »**Er sah die Gnade Gottes,** freute sich und ermahnte alle, mit Herzensentschluß bei dem Herrn zu verharren« (11, 23). Er sah die Gnade Gottes! Kann man Gnade denn sehen? Ist sie nicht bloß ein abstrakter Begriff, der die Herabneigung und Zuwendung des Allerhöchsten zu Seinen Menschenkindern umschreibt? – Nein, wo Menschen Gottes Wort willig hören und Gottes Geist empfangen, innerlich erneuert werden und das auch äußerlich froh und frei bezeugen, **sieht man die Gnade Gottes.** Man sieht sie, weil es eben doch da und dort Erlöste gibt, die auch erlöst aussehen!

18. Gnade im Leben des Paulus: a) persönlich

Der junge Pharisäer, zu dessen Füßen man bei der Steinigung des Stephanus die Kleider ablegte, war wohl zu damaliger Zeit der wütendste Verfolger der Jünger Jesu. Mit ganz außergewöhnlichem Fanatismus für die väterlichen Überlieferungen eifernd, verfolgte er die Gemeinde Gottes über die Maßen und suchte sie zu zerstören (Gal. 1, 13. 14). Er war ein Lästerer, Verfolger und Gewalttäter (1. Tim. 1, 13). Er terrorisierte die Jünger Jesu und verbreitete Angst und Schrecken. Viele der Heiligen Gottes brachte er ins Gefängnis; wenn sie umgebracht werden sollten, gab er seine Stimme dazu; oftmals suchte er sie zu Lästerungen zu zwingen; über die Maßen rasend, verfolgte er sie sogar bis in die ausländischen Städte (Apg. 26, 10. 11). Und so erfüllte sich das prophetische Wort, das der Patriarch Jakob einstmals im Segen über seine Söhne ausgesprochen hatte: »Benjamin ist ein reißender Wolf« (1. Mo. 49, 27), wohl am furchtbarsten in dem Benjaminiten Saulus von Tarsus!

Aber nun geschieht das Einzigartige: Gott will Seine ganze Gnade und Barmherzigkeit ausgerechnet an diesem wütenden Verfolger zur Darstellung bringen. Den reißenden Wolf macht Er zum Hirten der Schafe! Der am Morgen seines Lebens Raub verzehrte, teilt am Abend reiche Beute aus (1. Mo. 49, 27). Der wütendste Gegner Jesu wird zu Seinem eifrigsten und größten Missionar. Der Verfolger ist fortan lebenslang ein Verfolgter und ein Leidensknecht Gottes.

Daß Gott ausgerechnet ihn zum Verkündiger und Apostel Jesu Christi, zum Empfänger göttlicher Offenbarungen, zum Lehrer der Nationen, zum Verwalter göttlicher Geheimnisse ausersehen hatte, war und blieb für ihn das große Wunder. Mit bewegtem Herzen bezeugt er darum in 1. Timotheus 1, 12–16:

»Ich danke Christus Jesus, unserem Herrn, der mir Kraft verliehen, daß Er mich treu erachtet hat, indem Er den in den Dienst stellte, der zuvor ein Lästerer und Verfolger und Gewalttäter war; aber mir ist **Barmherzigkeit** zuteil geworden, weil ich es unwissend im Unglauben tat. Über die Maßen aber ist die **Gnade** unseres Herrn überströmend geworden mit Glauben und Liebe, die in Christus Jesus sind. Das Wort ist gewiß und aller Annahme wert, daß Christus Jesus in die Welt gekommen ist, Sünder zu erretten, von welchen ich der erste bin. Aber darum ist mir **Barmherzigkeit** zuteil geworden, auf daß an mir, dem ersten, Jesus Christus die ganze Langmut erzeige, zum Vorbild für die, welche an Ihn glauben werden zum ewigen Leben.«

Aus Saulus wurde Paulus. Dreimal berichtet die Apostelgeschichte die Bekehrung und Berufung des Saulus von Tarsus und unterstreicht damit die herausragende Wichtigkeit dieses Geschehens (Apg. 9; 22; 26). Im Unterschied zu den 12 Jüngern, die sich der Herr auf Erden erwählt hatte, wird Paulus durch den erhöhten Christus vom Himmel her berufen, und zwar außerhalb der Grenzen des heiligen Landes, vor den Toren von Damaskus. Und noch während er, vom Licht des verherrlichten Christus blind geworden, drei Tage lang hilflos in Damaskus sitzt, beauftragt der Herr den Jünger Ananias, zu ihm zu gehen, und begründet das mit den Worten: »Dieser ist mir ein auserwähltes Werkzeug, um meinen Namen zu tragen vor Heiden (Nationen) und Könige und Söhne Israels« (Apg. 9,15). Zum erstenmal vernimmt er dann von einem Jünger Jesu die Anrede: »Bruder Saul« (Apg. 9,17).

Paulus wurde, wie man vermutet, im Jahr 4 nach der Zeitrechnung geboren und im Jahr 64 unter Nero enthauptet. Er war wohl 7–10 Jahre jünger als Jesus. (Wenn hier Jahreszahlen genannt werden, so muß hinzugefügt werden, daß es verschiedene chronologische Berechnungen gibt. Ziemlich fest steht nur die Zeit des Aufenthaltes des Paulus in Korinth nach Apostelgeschichte 18. Es muß von Herbst 50 bis Frühjahr 52 gewesen sein, weil in dieser Zeit Gallion Prokonsul von Achaja war.)

Als ausgebildeter Schriftgelehrter überwacht er ums Jahr 34 die Steinigung des Stephanus. Im Jahr 35 kommt es zum Damaskuserlebnis. Dann führt ihn Gott von 35–38 in die Stille nach Arabien. Von 39–45 folgen weitere Jahre der Stille in Tarsus. Seine erste Missionsreise fällt in die Jahre 47–48, die zweite geschieht 49–52 und die dritte 52–56. In seine erste römische Gefangenschaft gerät er 59–61, in die zweite 63–64.

19. Gnade im Leben des Paulus: b) heilsgeschichtlich

Heinrich Langenberg schreibt in seiner »Biblischen Begriffskonkordanz«: »In der Apostelgeschichte wird das Wirken der absoluten Gnade vom Thron des erhöhten Christus aus zur Darstellung gebracht, besonders in dem Bericht von dem Werden des Apostels Paulus. Nicht was Paulus tut, ist so sehr der Gegenstand dieses Berichtes, sondern was der Herr an und mit ihm tut . . . Was die Gnade vermag, wird an Saulus von Tarsus anschaulich. Sie ist so grenzen- und bedingungslos, daß sie sich selbst dem glühendsten Christusfeinde, ohne jedes verdiente Gericht, öffnete.«

Jesus Christus in Seiner Gnade hat den Saulus von Tarsus nicht nur bekehrt, sondern auch **sofort beauftragt.** Wenn Paulus im Blick auf seine eigene Person von der göttlichen Gnade spricht, dann steht ihm außer der vergebenden und rettenden Gnade häufig die **Dienstgnade** vor Augen: Gnade für einen besonderen Dienst an den Nationen. Es ist, als habe der Herr dem Saulus gesagt: Alle deine früheren Sünden vergebe ich dir nach dem Reichtum meiner Gnade. Wir wollen auch nicht weiter darüber reden. Du darfst vergessen, was dahinten ist (Phil. 3,13). Richte deinen Blick nach vorn! Gewaltige Aufgaben warten auf dich!

Hören wir einige Stellen, wo er diese **Gnade seines Dienstes** rühmt: Paulus hat den Dienst von dem Herrn Jesus empfangen, zu bezeugen das **Evangelium der Gnade Gottes** (Apg. 20, 24). (Man vergleiche den Ausdruck »Wort Seiner Gnade« in Apg. 20, 32 und 14, 3.) Kraft der Gnade Gottes soll er ein Diener Christi Jesu für die Nationen sein, »priesterlich dienend am Evangelium Gottes« (Röm. 15, 15. 16). Als ein weiser Baumeister hat er nach Gottes Gnade in der Korinthergemeinde den Grund gelegt (1. Kor. 3, 10). Ihm ist die Gnade zuteil geworden, unter den Nationen (Heiden, Nichtisraeliten) den unausforschlichen Reichtum des Christus zu verkündigen (Eph. 3, 8).

Von seiner **Person** schreibt Paulus ganz bescheiden und beschämt, von seinem **Auftrag** hingegen mit Worten höchster Vollmacht und einzigartigen Sendungsbewußtseins. Er nennt sich selbst den geringsten der Apostel (1. Kor. 15, 9), den allergeringsten von allen Heiligen (Eph. 3, 8), den ersten der Sünder (1. Tim. 1, 15. 16). Auf der anderen Seite nennt er die von ihm verkündigte frohe Botschaft kühn »**mein**

Evangelium« (Röm. 16,25; 2. Tim, 2,8; vgl. Gal. 1,8.11.12). Er beruft sich auf **Offenbarungen** des erhöhten Christus, nicht nur vor Damaskus, sondern auch später (Gal. 1,12; 1. Kor. 11,23; 1. Thess. 4,15). Er darf mit seinen Mitaposteln ein »**Verwalter der Geheimnisse Gottes**« sein (1. Kor. 4,1) – außer dem Geheimnis des Leibes des Christus gibt es da noch Geheimnisse, die es mit Israel, mit dem Antichristentum, mit dem All, mit der Innewohnung Christi, dem Einssein Christi mit den Seinen (usw.) zu tun haben (Röm. 11,25; 2. Thess. 2,7; Kol. 1,27; Eph. 1, 10; 5,32). Durch Gottes Gnade wurde Paulus errettet und eingesetzt als Herold und Apostel und **Lehrer der Nationen** (2. Tim. 1,11). Ja, er durfte **Gottes Wort vollenden**, aufs Vollmaß bringen (Kol. 1,25). Nicht **zeitlich** hat er das Bibelwort vollendet (die Offenbarung an Johannes ist ja ca. 30 Jahre später entstanden als die letzten Paulusbriefe), aber **inhaltlich** hat er Gottes Gesamtplan in einer Klarheit darstellen dürfen, wie kein anderer biblischer Schreiber vor ihm oder nach ihm. (Man denke an Kapitel wie Römer 8 und 11 oder 1. Korinther 15!) Treffend nennt ihn der Zürcher Verkündiger und Architekt Arthur Muhl den »**Chefarchitekten**« im Worte Gottes. Ein solcher habe sich nicht um jedes Detail zu kümmern; das besorgen andere; er habe vielmehr den Gesamtplan mit kurzen Strichen darzustellen.

Alles das vollbringt Paulus nicht von sich aus, sondern Gottes Gnade in ihm. Alle fünf in Epheser 4,11 genannten Dienste verkörpert er in einer einzigartigen Mehrfachbegabung in seiner Person: Apostel, Prophet, Evangelist, Hirte und Lehrer. Dazu kommt eine große Zahl von Gnadengaben, die Paulus besaß. **Die Bedeutung seiner Briefe kann man gar nicht überschätzen.** Sie bilden den **Höhepunkt des Wortes Gottes!** Wer sie nicht gründlich erforscht, kann über Gemeindelehre und Gemeindeaufbau und Gemeindehoffnung, über Gottes Wege mit Israel und mit der Welt beim besten Willen nicht mitreden, ja, er kennt wahrscheinlich nicht einmal richtig das »Wort vom Kreuz«, die Rechtfertigungslehre und die Lehre von der Gnade Gottes!

Stellen wir damit die Paulusbriefe über die vier Evangelien? Noch zugespitzter gefragt: Stellen wir Paulus über Jesus? – Auf gar keinen Fall! **Es ist ja Jesus Christus, als der Erhöhte, der durch Paulus redet** (2. Kor. 2,17)! Als Jesus auf Erden war, konnte Er vieles noch nicht sagen. »Noch vieles habe ich euch zu sagen, aber ihr könnt es jetzt nicht tragen« (Joh. 16, 12), lehrte Er die Seinen kurz vor Seinem Sterben am Kreuz. Alles, was die Gemeinde aus den Nationen betrifft, konnte erst nach Pfingsten geoffenbart werden.

Keineswegs stellen wir Paulus über Jesus, wenn wir ihn als größten Missionar, Empfänger göttlicher Offenbarungen, Lehrer der Nationen, Verwalter der Geheimnisse Gottes und Vollender des Wortes Gottes bezeichnen – wir beachten nur den biblischen Tatbestand. So, wie man in einem »Lehrbuch für Fortgeschrittene« mehr erfährt als in einem »Lehrbuch für Anfänger« (sei es in Biologie, Physik, Chemie), so enthüllt Jesus Christus durch die Briefe der Apostel, besonders des Paulus, weit mehr, als Er auf Erden sagen konnte, vor Kreuz und Auferstehung und Erhöhung und Pfingsten. Was Jesus auf Erden lehrte und tat, waren nur **Anfänge** (Apg. 1, 1)!

20. Die Verwaltung der Gnade Gottes

Paulus erlebte nicht nur Gnade und verkündigte nicht nur das Evangelium von der Gnade Gottes, ihm ist sogar die **Verwaltung der Gnade Gottes** im Blick auf die Heidenwelt anvertraut worden. Das Wort »Verwaltung« (griech. oikonomia, Ökonomie) in Epheser 3, 2 kann auch mit »Haushaltung« übersetzt werden. Während Paulus in Epheser 3, 2 von der »Haushaltung oder Verwaltung der Gnade Gottes« schreibt, gebraucht er in Epheser 3, 9 den Ausdruck »Haushaltung oder Verwaltung des Geheimnisses, das von den Äonen her verborgen war in Gott«. Was ist darunter zu verstehen?

Mose hatte seinerzeit Israel das Gesetz zu geben und es treu zu verwalten. Man spricht daher von der unter Mose begonnenen **Gesetzeshaushaltung** im Plane Gottes. Nachdem Jesus auf Erden erschienen war und Sein Kreuzestod und Seine Auferstehung geschehen waren, sollte die Gesetzeshaushaltung nach Gottes Willen von einer **Gnadenhaushaltung** abgelöst werden. Der Verwalter dieses Abschnittes des Planes Gottes ist **Paulus!** Er hat Gottes völlig unverdiente Gnade persönlich einzigartig erlebt und spricht in seinen Briefen häufiger als irgendein anderer biblischer Schreiber von der Gnade Gottes. Er formuliert für die Gemeinde die **Gnadenlehre** und in Verbindung damit **Rechtfertigungslehre, Gemeindelehre, Hoff-**

nungslehre. Wer wissen möchte, was Gnade Gottes ist und was sie am einzelnen und an der Gesamtgemeinde Christi auswirken möchte, kann seither an den Briefen des Paulus nicht mehr vorübergehen.

Er nennt, wie schon gesagt, die »Haushaltung der Gnade Gottes« auch »Haushaltung des Geheimnisses«. Was Gott in Äonen (Weltzeiten, Zeitaltern) und Generationen verschwiegen und verborgen hatte – was kein Mose, David, Daniel, Jesaja oder Sacharja kundtun durfte und nicht einmal Jesus selbst auf Erden offenbaren durfte (weil die Zeit noch nicht reif war), das wird Paulus enthüllt und das darf und soll er lehren und für alle Zeiten niederschreiben (Röm. 16, 25–27; Eph. 3, 1–11; Kol. 1, 24–27). Was sind denn das für geheimnisvolle Dinge?

Es geht um **die Gemeinde Gottes und Christi,** die sich Gott als **Leib des Christus** in der gegenwärtigen Haushaltung **aus allen Nationen** sammelt. Hierüber schweigt das Alte Testament. Auch die vier Evangelien sagen darüber außer einigen Andeutungen (daß wenn Israel das Heil in Jesus Christus ablehnt, Gott sich andere erwählen werde) nichts. Gottes Barmherzigkeit und Gnade kommen im Leib des Christus einzigartig zur Darstellung, wofür Paulus selbst das Vorbild oder Muster ist (1. Tim. 1, 16). An über 100 Stellen erwähnt er in den 13 uns erhaltenen Paulusbriefen Gottes Erbarmen und Gnade. Wir wollen uns im folgenden ein wenig damit beschäftigen.

21. Gnade und Friede als Grund unseres Christseins

Christen im vollen Sinne des Wortes sind nach dem Neuen Testament Menschen, die in der Gnade Gottes stehen und Frieden haben. Sie haben nicht dann und wann Frieden (und ansonsten Unruhe und Streit) und sie kommen nicht gelegentlich mit Gottes Gnade in Berührung, nein, sie haben beides empfangen und leben in beidem.

So ist es nicht nur eine leere Formel oder ein höflicher Gruß, wenn Paulus seine Briefe immer wieder mit den Worten »**Gnade euch und Friede**« einleitet, ähnlich auch Petrus und Johannes am Anfang der Offenbarung. Vielmehr handelt es sich, wie Anders Nygren schreibt (»Der Römerbrief«, Göttingen 1959), »um das Mitteilen einer geistigen Realität. In diesem Einleitungsgruß begegnet uns der Inhalt des Evangeliums in verdichteter Form.« – Werner de Boor vermutet, das griechische und das jüdische Grüßen seien hier von Paulus zusammengefaßt worden (Wuppertaler Studienbibel, Römerbrief, 1962). Das Wort Gnade (charis) hängt ja sprachlich eng mit dem griechischen Gruß »chairein« (froh sein, sich freuen) und dieser wiederum mit »chara« (Freude) zusammen. Der jüdische Gruß lautet »Schalom« = Friede. Doch Schalom umfaßt keineswegs nur, wie Nygren zu Recht schreibt, »einen subjektiven Zustand von ungestörter Seelenruhe«. Schalom ist Heil, Vollkommenheit, Unversehrtheit, Wohlbefinden, Glück, Friede. »Schalom läßt sich in seiner Vieldeutigkeit kaum in irgendeine andere Sprache übertragen« (Jacob Kroeker, Römerbrief). Schalom ist auch beim Herrn Jesus selbst nicht nur Gruß (Joh. 20, 21. 26), sondern Gabe (Joh. 14, 27): »Meinen Frieden gebe ich euch.« Paulus unterscheidet: Frieden mit Gott, Frieden von Gott, Frieden Gottes (Röm. 5, 1; 1, 7; Phil. 4, 7).

Aus Römer 5, 1 geht hervor: Wer **Frieden** mit Gott haben will, muß zuvor gerechtfertigt worden sein. Diese Rechtfertigung wird uns zuteil aus **Gnaden** (Röm. 3, 24) und wird ergriffen durch den **Glauben** (Röm. 5, 1). So kann man sagen: **Ohne Gnade** (die im Glauben ergriffen wurde) **kein Friede.** Umgekehrt gilt aber auch: Wer durch Gottes Gnade aus dem Glauben gerechtfertigt wurde, hat nun Frieden – zunächst Frieden **mit** Gott, der die frühere Feindschaft beendet, dann auch Frieden **von** Gott, der wie ein »Strom von oben« auf die Glaubenden kommt, und schließlich den **Frieden Gottes,** Gottes eigenen Frieden, der Herz und Gedanken wie in einer Feste zu bewahren vermag (Phil. 4,7). Ähnlich verhieß Jesus, wie wir sahen, Seinen eigenen Frieden: »Meinen Frieden gebe ich euch« (Joh. 14,27). Was ist die Voraussetzung, um Gottes bzw. Jesu eigenen Frieden zu empfangen? Der Textzusammenhang zeigt es jeweils. Er spricht in Philipper 4 von der Freude im Herrn sowie von einem Gebetsleben (Gebet, Flehen, Danksagung, Kundwerdenlassen aller Anliegen vor Gott); in Johannes 14 ist in den Versen zuvor von der Innewohnung des Vaters und des Sohnes in Liebe die Rede. »Gnade euch und Friede«: In diesem Gruß begegnet uns tatsächlich das Evangelium in verdichteter Form – Gottes rechtfertigende Gnade, aber auch Gnade in all den anderen Beziehungen, von denen noch zu sprechen sein wird. Dazu Gottes Friede, Heil, Glück und Wohlbefinden.

Es lohnt sich, einmal darauf zu achten, in welchem Zusammenhang Paulus jeweils in seinen Briefen Gnade und Friede wünscht: »Gnade euch und Friede von Gott, unserem Vater, und dem Herrn Jesus Christus« wünscht er im Römerbrief als ein Beauftragter Gottes, der um einen weltweiten Auftrag weiß (Röm. 1, 5–7). Die Korinther grüßt er im ersten Brief, indem er Gott ihretwegen herzlich dankt – trotz aller noch zu erwähnender Mängel, und im zweiten Brief, indem er Gott als »Vater der Erbarmungen und Gott alles Trostes« rühmt (1. Kor. 1, 3–9; 2. Kor. 1, 2–4). Trotz tiefer Enttäuschung wünscht Paulus den Galaterchristen Gnade und Friede (1, 3–7), während er im Epheserbrief im Anschluß an seinen Gruß auf überreiche göttliche Segnungen zu sprechen kommt (1,2–6). Im Philipperbrief richtet sich sein Gruß an Gläubige, mit denen er sich in besonders herzlicher und tragfähiger Gemeinschaft verbunden weiß (1, 2–8). Im Kolosserbrief will er die Größe Christi vor die inneren Augen der Briefempfänger rücken (1, 12–20), die in Gefahr standen, sie infolge jüdischer und griechischer Beeinflussungen aus den Augen zu verlieren (Kol. 2). Im 1. und 2. Thessalonicherbrief folgen dem Gnaden- und Friedensgruß Hinweise auf mancherlei Drangsale einerseits und auf die lebendige Hoffnung der Wiederkunft Christi andererseits. Im Titusbrief geht es um Ordnungen in der Gemeinde und mancherlei Zurechtweisungen, und im Philemonbrief spricht Paulus eine konkrete Bitte aus.

Wir sehen: Sein Gnaden- und Friedensgruß trifft in die verschiedensten Situationen hinein. Immer, ob in Tälern schwerer Drangsale und

Gefahren oder tiefen Versagens, ob auf Höhen reicher Segnungen und herzlicher Harmonie, stellt er seine Briefempfänger zunächst auf die gottgegebene Grundlage, ohne die es kein Christsein gibt: **Gnade und Friede,** Gottes huldvolle Herabneigung und Heilsmitteilung.

Wir nannten noch nicht die beiden Timotheusbriefe. Hier tritt im Briefgruß (1. Tim. 1, 2; 2. Tim. 1, 2) zwischen Gnade und Friede als Mittelstück noch die **Barmherzigkeit,** wie auch in 2. Johannes 3 (charis, eleos, eiränä). Wir wissen nicht, was Paulus und Johannes dazu in jedem Fall veranlaßt hat – im 1. Timotheusbrief vielleicht die Tatsache, daß Paulus im 1. Kapitel in ganz besonderer Weise die erfahrene Barmherzigkeit Gottes rühmen will.

»Barmherzigkeit ist diejenige Seite der Liebe, die nicht nur von Mitleidsgefühlen für das Elend und die Erbärmlichkeit des Armen und Elenden ergriffen wird, sondern auch angetrieben wird, das Mitleiden durch helfende Tat zu bewähren. Das Erbarmen Gottes bildet die Brücke zwischen Gnade und Frieden« (Heinrich Langenberg).

Petrus grüßt seine Briefempfänger, indem er ihnen eine Mehrung von Gnade und Frieden wünscht (1. Petr. 1, 2; 2. Petr. 1, 2). In der letzteren Stelle heißt es sehr fein: »Gnade und Friede werde euch immer reichlicher zuteil in der Erkenntnis Gottes und Jesu, unseres Herrn!«

Auch im letzten Bibelbuch – einem Buch voller Gerichte, die jedoch in Neuwerdung münden – stellt der Verfasser, Johannes, die Leser zunächst auf den festen Grund der Gnade und des Friedens Gottes. Nur auf diesem Grunde stehend, ist die Lektüre eines solchen Buches wohl überhaupt erträglich und gewinnbringend. »Johannes den sieben Gemeinden, die in der Provinz Asia sind: Gnade euch und Friede von dem, der ist und der war und der kommt, und von den sieben Geistern, die vor Seinem Throne sind, und von Jesus Christus, der der treue Zeuge ist, der Erstgeborene der Toten und der Fürst der Könige der Erde!« (Offb. 1, 4–5). Dreifältig wird hier der Vater als der Herr über Vergangenheit, Gegenwart und Zukunft dargestellt, siebenfältig der Heilige Geist (vgl. Jes. 11, 2), und dreifältig wiederum Jesus Christus. Sehr Ernstes hat Johannes seinen Lesern mitzuteilen – persönliche Ermahnungen und apokalyptische Gerichte. Um so mehr hebt er zu Anfang dieses Buches **Vater** und **Geist** und **Sohn,** die göttliche Trinität, als die Spender von **Gnade** und **Friede** hervor.

22. Voräonische Gnade, berufende Gnade

Was war vor den Äonen, vor Beginn der Zeit und vor Erschaffung der Welt? – Nach Meinung unserer Wissenschaftler darf diese Frage gar nicht gestellt werden, sie sei sinnlos. Ein **Vor** oder **Außerhalb** des Raum-Zeit-Kontinuums gebe es nicht.

Anders die Schau der Bibel, die den persönlichen Gott bezeugt, der als der Schöpfer, der Ewigseiende, der in Wahrheit Unendliche kein Bestandteil Seiner Schöpfung ist, sondern **vor, außerhalb und über** der Raum-Zeit-Welt ohne Anfang und Ende existiert.

So spricht Gottes Wort an mehreren Stellen davon, was vor den Äonen, den Zeitaltern, die Gott durch den Sohn machte (Hebr. 1, 2), war:

Damals sprach der Vater zu Seinem Sohn, zu Jesus Christus: »Du bist mein Sohn, heute habe ich dich gezeugt« (Ps. 2, 7). Der Sohn wurde vom Vater geliebt und hatte Herrlichkeit beim Vater (Joh. 17, 5. 24). Dann haben Vater und Sohn miteinander geplant. Paulus drückt es so aus: Der »Vorsatz der Äonen« wurde in Christus Jesus gefaßt (Eph. 3, 11). Der Sündenfall wurde vorausgesehen und die Notwendigkeit erkannt, daß Jesus als Lamm Gottes ans Kreuz gehe (1. Petr. 1, 19. 20). Die Gemeinde wurde in Christus auserwählt vor Grundlegung der Welt (Eph. 1, 4). Und in 2. Timotheus 1, 9 lesen wir von dem Gott, »der uns errettet hat und **berufen mit heiligem Ruf** ... nach Seinem eigenen Vorsatz und **der Gnade, die uns in Christus Jesus gegeben worden ist vor ewigen (wörtlich: äonischen) Zeiten«** (vgl. Gal. 1, 6: »durch die Gnade Christi berufen«).

Vor den Zeiten der Äonen waren wir als Menschen noch gar nicht da. In Gottes Plan und Schau aber waren wir da, und zwar als ein Teil von Jesus Christus, als Glieder Seines Leibes. Deshalb betonen beide Schriftworte (Eph. 1, 4 u. 2. Tim. 1, 9), daß wir damals **in Christus** – und nicht etwa getrennt von Ihm als Einzelmenschen – auserwählt wurden und Gnade empfingen. Die Gnade war viel früher da, als wir selber da waren!

In unserer Lebenszeit wurden wir dann errettet und berufen mit heiligem Ruf. Die griechische Sprache hat nicht zwei verschiedene Worte für rufen und berufen; es steht an den betreffenden Stellen immer das Wort kaleoo, das folgendes bedeuten kann: rufen, mit

Namen nennen, herbeirufen, laden, einladen, berufen. Wir können daraus den Schluß ziehen: **Gottes Rufen ist immer zugleich ein Berufen.** Er hat etwas mit uns vor. Wir werden aus der Gesinnung der Welt und der Sünde herausgerufen und hineingerufen in die Gemeinschaft des Sohnes Gottes (1. Kor. 1, 9). Deshalb kann man auch die Gesamtgemeinde Gottes (griech. ekkläsia) die »Herausgerufene« nennen. Römer 8, 28 spricht von den »nach Vorsatz Berufenen«. Der Ruf erging irgendwann in unserer Lebenszeit, der göttliche Beschluß und Wille (»Vorsatz«) aber war, wie wir gesehen haben, schon vor den Äonen da (vgl. Röm. 8, 29. 30).

Weitere Schriftworte sagen, daß die Glaubenden in **einer** Hoffnung der Berufung berufen worden sind; sie sollen ihrer hohen Berufung würdig wandeln; sie sind zu Gottes eigener Königsherrschaft und Herrlichkeit berufen, zur Heiligung, zum Licht, zum Segnen, ja sogar dazu, teilhaftig zu werden der göttlichen Natur (Eph. 4, 4. 1; 1. Thess. 2, 12; 4, 7; 1. Petr. 1, 15; 2, 9; 3, 9; 5, 10; 2. Petr. 1, 3. 4).

Das alles verdanken wir der Gnade Gottes, die sich uns zuwandte, sich zu uns herabneigte, sich uns schenkte, längst ehe wir als Menschen auf Erden existierten – in Christus Jesus vor den Zeiten der Äonen. Daher ist alle Gnade auch nur in Christus Jesus, in der Lebensgemeinschaft mit Ihm, für uns faßbar und erlebbar.

23. Gnade und Gesetz

Stehen Gottes Gesetz und Gottes Gnade in einem harten, unversöhnlichen Widerspruch zueinander? – Es könnte so scheinen, wenn wir einige Paulusworte hören: »Ihr seid nicht unter Gesetz, sondern unter Gnade« (Röm. 6, 14). – »Ihr seid von Christus abgetrennt, die ihr im Gesetz gerechtfertigt werden wollt; ihr seid aus der Gnade gefallen« (Gal. 5, 4). Aus der zuletzt genannten Stelle geht aber schon hervor, daß der genannte Widerspruch sich auf die Frage der **Rechtfertigung** bezieht. Paulus verneint nicht etwa das Gesetz an und für sich; schreibt er doch an anderer Stelle: »Das Gesetz ist heilig und das Gebot heilig und gerecht und gut« (Röm. 7, 12). Was Paulus verneint und entschieden bekämpft, ist **Rechtfertigung durch Gesetz.**

Es gibt zwar eine Gesetzesgerechtigkeit im ehrlichen Versuch, nach Gottes Geboten zu leben (Luk. 1, 6), aber Paulus hat vor Damaskus erfahren, daß sie vor Gott nicht ausreicht. Auch er war einst »der Gerechtigkeit nach, die im Gesetz ist, untadelig« (Phil. 3, 6) – dennoch mußte er sich vor den Toren von Damaskus als den ersten der Sünder erkennen (1. Tim. 1, 15). Seitdem erachtet er die Gesetzesgerechtigkeit für Verlust, ja für Dreck – ein hartes Wort für alle Gesetzesfanatiker (Phil. 3, 7–9). Er nennt die Gesetzesgerechtigkeit »**meine Gerechtigkeit, die aus dem Gesetz ist**«; ihr hat er ein für allemal den Abschied gegeben, um eine ganz andere Gerechtigkeit zu erlangen: »**die Gerechtigkeit aus Gott aufgrund des Glaubens.**«

Hier gibt es nur ein hartes Entweder-Oder: Entweder will ich durch Gesetzeswerke gerecht werden, mit Gott in Ordnung kommen, oder durch Seine Gnade, die sich mir zuwendet vom Kreuz und von der Auferstehung Christi her. Entweder hat Jesus am Kreuz **alles vollbracht,** oder aber ich muß meine Rechtfertigung und Errettung durch gute Werke selber erarbeiten, ganz oder teilweise. Und hier wird Paulus in heiligem, göttlichem Eifer ganz scharf: Wer dem Erlösungswerk auf Golgatha noch irgend etwas meint hinzufügen zu müssen (eigene Leistung, eigene gute Werke), dem gilt es gar nicht, der **fällt aus der Gnade!** Nicht wer gelegentlich aus Schwachheit sündigt, fällt aus der Gnade, sondern wer aus sich selbst heraus, durch eigenes Wirken vor Gott gerecht werden will, die Erlösung am Kreuz ersetzen oder ergänzen will.

Zwar hat Paulus nichts gegen gute Werke einzuwenden, er fordert sie sogar (Eph. 2, 10; Tit. 2, 14). Aber hier kommt es auf die Reihenfolge an: Auf dem Boden des Gesetzes muß der Mensch gute Werke tun, um Segen, Gnade, Leben und Gerechtigkeit zu erlangen (5. Mose 28; Gal. 3, 10–12). Auf dem Boden der Gnade aber werden wir ohne Werke gerechtfertigt, wir erlangen **ohne eigene Leistung** allein durch den Glauben, das Vertrauen des Herzens, **Sündenvergebung, Gerechtigkeit, Rettung, Leben, Frieden.** Danach dürfen und sollen wir, nachdem wir gerechtfertigt worden sind, als Dank, Frucht und Folge unserer Rettung gute Werke tun (Eph. 2, 8–10).

Nicht nur in der Frage der **Rechtfertigung** sagt Paulus nein zum Gesetz, auch hinsichtlich einer **Buchstabenknechtschaft.** »Der Buchstabe tötet, der Geist macht lebendig« (2. Kor. 3, 6). Zwar bejaht Paulus die Normen des Gesetzes Gottes, vor allem die Zehn Gebote; viele von ihnen finden wir wörtlich in seinen Briefen wieder, nun aber nicht als **Voraussetzung zum Seligwerden,** sondern als **Ermahnung für Errettete.** Doch die Vielzahl von Geboten und Vorschriften in den Büchern Mose, seien es Vorschriften für den Sabbat oder die Feste Israels, für Kulthandlungen, Tieropfer, Fleischgenuß, Bestrafung von Sündern, sind für die in Christus Erretteten **dem Buchstaben nach nicht mehr bindend** – sowenig wie die Vorschrift der Beschneidung. Die Frage, ob Christen aus den Nationen, also Nichtisraeliten, das Gesetz Moses halten und beschnitten werden müssen, wurde ja auf dem Apostelkonzil in Jerusalem, von dem Apostelgeschichte 15 berichtet, ein für allemal im Heiligen Geiste entschieden. Beides wurde verneint. Es wurde lediglich auf ein paar wunde Punkte für die aus dem Heidentum Gläubiggewordenen ermahnend hingewiesen. Im übrigen gilt, was Paulus in Römer 13, 8–10 lehrt: »Seid niemand irgend etwas schuldig, als nur einander zu lieben; denn wer den anderen liebt, hat das Gesetz erfüllt. Denn das: ›Du sollst nicht ehebrechen, du sollst nicht töten, du sollst nicht stehlen, du sollst nicht begehren‹, und wenn es ein anderes Gebot gibt, ist in diesem Wort zusammengefaßt: ›Du sollst deinen Nächsten lieben wie dich selbst.‹ Die Liebe tut dem Nächsten nichts Böses. So ist nun die Liebe die Erfüllung des Gesetzes.«

In diesem Sinne sollen die Rechtsforderungen des Gesetzes auch von den Christusgläubigen erfüllt werden (Röm. 8, 4). Die von Paulus gelehrte »Freiheit vom Gesetz« (siehe Galaterbrief) ist ja nicht eine

Freiheit zur Gesetzlosigkeit, sondern eine Freiheit von falscher eigener Gerechtigkeit und von Buchstabenknechtschaft, in der Bindung an Jesus Christus und im Geleitetwerden durch Seinen Geist (Gal. 5, 18)! Die Christusgläubigen stehen nicht mehr, dem Buchstaben nach, unter dem Gesetz des Mose, sondern unter dem höheren Gesetz des Christus – und das heißt: sich hingebende Liebe (Gal. 6, 2). Solches widerspricht dem Gesetz Moses nicht, sondern ist darin bereits enthalten (3. Mose 19, 18; 5. Mose 6, 5; Luk. 10, 27; Matth. 22,37–40). Der Hauptnenner »Liebe« verbindet und vereinigt Gnade und Gesetz.

24. Rechtfertigende und rettende Gnade: Gnade und Glaube

Erst in den Briefen des Apostels Paulus begegnet uns die Lehre von einer Gerechtigkeit, die 100%ig Gottes Gnadengeschenk ist: »die Gerechtigkeit aus Gott aufgrund des Glaubens« (Phil. 3, 9). Ohne eigenes Bemühen, ohne Verdienst der Werke werde ich vor Gott gerecht, komme ich mit Gott in Ordnung, werden Schuld und Feindschaft und Trennung von Gott völlig beseitigt. Diese Botschaft finden wir vor Paulus fast gar nicht im Worte Gottes.

Warum **fast** gar nicht? – Weil das Kapitel Hebräer 11, das uns eine ganze Reihe von Glaubensmenschen des Alten Testamentes vor Augen führt (von Abel und Henoch bis zu Mose und Rahab), bereits von **Abel** bezeugt, daß er durch den Glauben gerecht geworden sei. (Pfarrer Böhmerle nannte ihn deshalb: »Unser Bruder Abel.«) Und weil Paulus selbst uns als Demonstrationsfigur für seine neue Lehre von der Glaubensgerechtigkeit ausgerechnet eine alte Patriarchengestalt zeigt: **Abraham** (Röm. 4). Tatsächlich: Abraham wurde von Gott gerechtgesprochen allein aufgrund seines Glaubens! »Abraham glaubte dem Herrn, und das rechnete Er ihm zur Gerechtigkeit« (1. Mose 15, 6). Daher ist auch der daraufhin von Gott mit Abraham geschlossene Bund ein Glaubensbund, ein Verheißungsbund, ein Treuebund Gottes – einseitig von Gott geschlossen. (Abraham, der als Bündnispartner ebenso zwischen den Stücken geschlachteter Tiere hätte hindurchgehen müssen, wie Gott das in einer Feuerflamme tat, war dazu gar nicht fähig, da er in einen Tiefschlaf gefallen war! Man lese das ganze wunderbare und dramatische Kapitel 1. Mose 15 und dazu Jeremia 34, 18!)

Ganz anders der Gesetzesbund Gottes mit Mose! Dies ist ein zweiseitiger Bund, abhängig nicht nur von Gottes Treue, sondern auch von der des Menschen, der verpflichtet ist, alle ihm auferlegten Gebote und Ordnungen genauestens zu tun (5. Mose 28, 1. 15).

Paulus sieht es so: Das Gesetz war nur eine »Zwischenlösung«. Es war ein Einschub, zwischen Sündenfall und Kreuzestod Jesu Christi »dazwischen hineingekommen« (Röm. 5, 20 Luther). Oder enger gefaßt: Zwischen der Glaubenshaushaltung Gottes mit Abraham und der Glaubenshaushaltung Gottes mit der Gemeinde heute liegt die mosaische Gesetzeshaushaltung. (Man lese Galater 3 und beachte besonders die Verse 19 und 23. Siehe auch das kleine Heft »Der Plan der Zeitalter Gottes« von Heinz Schumacher, das die Äonen und Haushaltungen veranschaulicht, Paulus-Verlag.) Das Bleibendgültige ist nicht die Gesetzesgerechtigkeit, sondern die Glaubensgerechtigkeit.

So werden wir nun »umsonst gerechtfertigt durch Seine **Gnade,** durch die Erlösung, die in Christus Jesus ist« (Röm. 3, 24; Tit. 3, 5). Wir werden »**gerechtfertigt aus Glauben**« (Röm. 5, 1). Beides ist kein Widerspruch, sondern gehört zusammen: Gottes Gnade beugt sich zu uns herab, und unser Glaube ergreift wie eine ausgestreckte Hand die Geschenke der göttlichen Gnade – in diesem Fall das Geschenk der völlig unverdienten Gerechtigkeit.

Drei Männer stehen mir bei dem Stichwort »Glaubensgerechtigkeit« vor Augen: **Abraham – Paulus – Luther.** Schon Abraham wurde, wie wir gesehen haben, aus dem Glauben gerecht, ohne Werke. Paulus durfte die Rechtfertigung des Sünders allein aus Gnaden durch den Glauben als Lehre formulieren und niederschreiben. Luther durfte dann dieses wunderbare Gnadengeschenk Gottes, das – es ist kaum zu fassen – jahrhundertelang in der offiziellen Kirchenlehre nicht enthalten war – verdeckt, verschüttet, vergessen – wieder entdecken, »ausgraben« und neu auf den Leuchter stellen. Luther betonte, daß der Mensch »**allein aus Glauben**« (sola fide) und »**allein aus Gnade**« (sola gratia) gerechtfertigt werde.

Gottes Gnade **rechtfertigt** aber nicht nur den Sünder, sondern sie **rettet** ihn auch (Apg. 15, 11). Die Rechtfertigung ist gleichsam der juristische Aspekt: Gerechtfertigt aus Gottes Gnade durch den Glauben, werde ich nie mehr von einem göttlichen Gericht verurteilt und verdammt, wenn die himmlischen Bücher aufgetan werden (Dan. 7, 10; Offb. 20, 12). Für Menschen in der Lebensgemeinschaft mit Jesus Christus gibt es kein Verdammungsurteil mehr (Röm. 8, 1)! – Die **Rettung** hingegen ist der existentielle Aspekt, der Vollzug der praktischen Hilfe: Der bereits wegen seines Fehlverhaltens Verurteilte wird nicht nur wegen Jesu Opfertodes **freigesprochen,** sondern nun auch **freigelassen.** Der Verlorene wird errettet – errettet von Schuld und Macht der Sünde, errettet aus der Gewalt der Finsternis, errettet vom Bösen, vom kommenden Zorn, vom Tode (1. Tim. 1, 15; Kol. 1, 13; Matth. 6, 13; 1. Thess. 1, 10; Jak. 5, 20).

Und so, wie bei der Rechtfertigung **Gnade und Glaube** zusammen-wirken (Röm. 3, 24. 25; 5, 1. 2), so auch bei der Rettung: »**Aus Gnade seid ihr errettet durch Glauben**« (Eph. 2, 8). Die Rettung geschieht ebenso wie die Rechtfertigung »nicht aus Werken«, es kommt dabei überhaupt nicht auf unser Tun an, alles ist reines Geschenk. Die geöffnete Hand unseres Glaubens – besser: das geöffnete Herz (Röm. 10, 10) – ergreift, was Gott aus Gnaden darbietet, und auch dieser unser Glaube ist eine Wirkung Gottes, so daß wir gar nichts, überhaupt nichts, zu rühmen haben (Joh. 6, 29).

Im Titusbrief rühmt Paulus Gottes rettende Gnade mit den Worten (3, 4. 5): »Als aber die Güte und die Menschenliebe unseres Heiland-Gottes erschien, errettete Er uns, nicht aus Werken, die, in Gerechtig-keit vollbracht, wir getan hatten, sondern nach Seiner Barmherzigkeit durch die Waschung der Wiedergeburt und Erneuerung des Heiligen Geistes.«

Nicht **aus Werken,** wohl aber **zu guten Werken** sind wir errettet worden. Das betont der Apostel in Epheser 2, 8 – 10: »Denn aus Gnade seid ihr errettet durch den Glauben, und das nicht aus euch, Gottes Gabe ist es; nicht aus Werken, damit niemand sich rühme. Denn wir sind Sein Gebilde (Kunstwerk), in Christus Jesus geschaffen zu guten Werken, die Gott zuvor bereitet hat, damit wir in ihnen wandeln sollen.«

25. Gnade und Herrlichkeit

Schon der 84. Psalm preist Gottes Gnade und Herrlichkeit mit den Worten: »Jehovah, Gott, ist Sonne und Schild. Gnade und Herrlichkeit wird Jehovah geben, kein Gutes vorenthalten denen, die in Lauterkeit wandeln« (V. 12 bzw. 11).

Was sind es für Menschen, denen dies zugesagt ist? In der Mitte von Psalm 84 stehen die Worte: »Glückselig der Mensch, dessen Stärke in Dir ist, in deren Herzen gebahnte Wege sind. Durch das Tränental gehend, machen sie es zu einem Quellenort; ja, mit Segnungen bedeckt es der Frühregen. Sie gehen von Kraft zu Kraft; sie erscheinen vor Gott in Zion.« – Dazu schrieb Eduard König in seinem Psalmenkommentar: »Die, welche in Gott den Quell ihrer Kraft finden, machen auch die schlimmen Lebenswege zu Pfaden des Heils für sich selbst und das Reich Gottes überhaupt.« Es sind Pilger, deren ganze Liebe der Gottesstadt, dem Tempel und Gott als dem Quell ihrer Kraft gehört. Jahweh ist ihnen Zinne und Schild, Er verleiht ihnen Huld und Herrlichkeit (nach Kautzsch).

Schon Mose fand **Gnade** und ersehnte **Herrlichkeit** (2. Mose 33, 17. 18). Jesus offenbarte für die, deren Herzensaugen dafür offen waren, bereits in Seiner Niedrigkeit die **Herrlichkeit** Gottes, voller **Gnade** und Wahrheit (Joh. 1, 14). Auch folgende Schriftworte sprechen von Gottes Gnade und Herrlichkeit: Römer 5, 1. 2; Epheser 1, 6. 12; 2. Korinther 4, 15; Hebräer 2, 9; 1. Petrus 5, 10.

An dieser Stelle wollen wir fragen: Was ist Gnade, und was ist Herrlichkeit? – Während Gnade, wie wir schon sahen, Gottes huldvolle Herabneigung zu uns Menschen ist, Seine Zuwendung in Gunst, Güte, Wohlwollen und Erbarmen, bedeutet Herrlichkeit soviel wie Glanz, Lichtglanz, Majestät, Erhabenheit, Ehre, Ruhm, Siegesgewalt und strahlende Gottesenergie. Dieses alles offenbarte sich in Jesus.

Etwas vereinfachend können wir sagen: Gottes **Gnade** beugt sich zu uns herab und hilft uns in Elend und Schwachheit. Sie rechtfertigt den Sünder, rettet den Verlorenen und spricht ihm tröstend zu. Gottes **Herrlichkeit** aber will uns stärken und erneuern, umgestalten und Ihm gleich machen, so daß, wenn Christus, unser Leben, geoffenbart werden wird, auch wir mit Ihm geoffenbart werden in Herrlichkeit (Kol. 3, 4; Röm. 8, 29. 30; 1. Joh. 3, 2).

So gibt es ein **Evangelium der Gnade** und ein **Evangelium der Herrlichkeit** des glückseligen Gottes (Apg. 20, 24; 1. Tim. 1, 11). Paulus kennt einen **Reichtum Seiner Gnade** und einen **Reichtum Seiner Herrlichkeit.** Hierzu schrieb Karl Geyer 1949: »Aus Gnade hat uns Gott errettet und das Alte weggetan, indem Er uns alle Vergehungen vergab nach dem Reichtum Seiner Gnade (Eph. 1, 7). Das Neue aber, durch das die Erretteten vollendet und Ihm gleichgemacht werden, läßt Er in uns einströmen nach dem Reichtum Seiner Herrlichkeit (Eph. 3, 16–21).«

Nach Titus 2, 11. 13 leben wir heute zwischen Gottes Gnadenerscheinung und Herrlichkeitserscheinung. Rückblickend auf Christi erstes Kommen lesen wir dort: »Die Gnade Gottes ist erschienen, heilbringend für alle Menschen.« Vorausschauend auf Christi Wiederkunft heißt es in Vers 13: »Wir erwarten die glückselige Hoffnung und Erscheinung der Herrlichkeit unseres großen Gottes und Retters Jesus Christus.« Und was soll nun in der Gegenwart geschehen? Das sagt uns der 12. Vers: »Gottes Gnade unterweist uns, daß wir, die Gottlosigkeit und die weltlichen Lüste verleugnend, besonnen und gerecht und gottselig leben in dem jetzigen Zeitalter (Äon).« Dies zusammenfassend können wir sagen:

Vergangenheit:	Die Gnade ist heilbringend erschienen (Jesu Erdenleben, Sterben und Auferstehen).
Gegenwart:	Die Gnade unterweist uns zu besonnenem Leben im jetzigen bösen Äon.
Zukunft:	Wir erwarten die Erscheinung der Herrlichkeit Gottes und Christi, die unsere Mit-Verherrlichung in sich schließt (Kol. 3, 3).

26. Erlösung und Vergebung gemäß Seiner Gnade

Im Zentrum des Erlösungshandelns Gottes am Sünder steht die **Vergebung.** Gottes Gnade ist vor allem auch **Vergebungsgnade.** Und wenn von Rechtfertigung und Rettung die Rede war, so war darin die Vergebung der Sünden stets inbegriffen. Ohne Sündenvergebung keine Rechtfertigung – kein In-Ordnung-Kommen mit Gott – und keine Rettung – kein Herausgerissenwerden aus dem Machtbereich der Finsternis.

Gnade und Vergebung gehören so eng zusammen, daß das Zeitwort »vergeben« im griechischen Text des NT (Kol. 2, 13; 3, 13; Eph. 4, 32; 2. Kor. 2, 7. 10) direkt von charis (Gnade) abgeleitet ist: charizomai. Es bedeutet: Gunst erweisen, gütig spenden, aus Gnaden schenken (Röm. 8, 32; Phil. 1, 29), eine Schuldsumme erlassen (Luk. 7, 42. 43) und, wie gesagt, in den schon genannten Stellen: vergeben, verzeihen.

Vergebung ist **der** Gnadenerweis schlechthin, **der** Erweis göttlicher Gunst und Güte. Dies kann das Verhältnis zwischen Gott und dem Menschen betreffen (Kol. 2, 13) oder auch die »zwischenmenschlichen Beziehungen« (Kol. 3, 13). Der eigentliche Sinn der Vergebung ist, von Gott her: die Schuldsumme aus Gnaden schenken und somit die Schuld verzeihen. Und beim Vergeben zwischen gläubigen Christen: dem anderen verzeihen, weil am Kreuz auf Golgatha alle Schuld, eigene und fremde, durch Gottes Güte und Gnade bezahlt wurde. Das Motiv rechten Vergebens ist Gnade, und zwar Gnade **Gottes!** Weil die Gläubigen es erfahren durften, daß ihnen Gott alle Sünden vergeben hat, darum sollen nun auch sie einander vergeben: »Wie der Herr euch vergeben hat, so vergebt auch ihr!« – »Vergebt einander, so wie Gott in Christus euch vergeben hat!« (Kol. 3, 13; 2, 13; Eph. 4, 32). Andernfalls ist man ein »Schalksknecht« (Matth. 18, 21–35).

Wo Menschen einander aus sich selbst heraus »vergeben« – ohne die dahinterstehende Erfahrung eigener Vergebung durch Gott –, ist die Vergebung fragwürdig, und es kommt dann nicht selten zu Redensarten, die entweder Vorbehalte oder hochmütige Herablassung verraten: »Ich will vergeben, aber nicht vergessen« – »Ich will Gnade vor Recht ergehen lassen«. Wirklich ohne Vorbehalt vergeben kann nur der Mensch, der in der Gnade Gottes steht und aus ihr lebt.

Es gibt im NT noch ein zweites Zeitwort für vergeben: aphiämi =

erlassen (lassen, fortlassen, verlassen, hinterlassen, gewähren lassen u. a.). Es kommt besonders bei Matthäus häufig vor, so im Vaterunser (Matth. 6, 12), während Paulus, wenn er von vergeben spricht, das von der Gnade abgeleitete Wort charizomai bevorzugt.

Beachtlich ist der Unterschied zwischen Matthäus 6, 12 und Kolosser 3, 13. Ich kann darin nicht nur stilistische Abwechslung sehen! In der Bergpredigt und somit auch beim Vaterunser befinden wir uns noch vor Golgatha, stehen wir noch auf Gesetzesboden; das darf nie vergessen werden. Daher macht Jesus im Vaterunser Gottes Vergeben ganz eindeutig davon abhängig, ob auch wir vergeben (Matth. 6, 14. 15). Ob es auf diesem Boden jemals zu einer 100%igen Vergebung kommen kann? – Ganz anders auf dem Boden des Evangeliums! Während auf Gesetzesboden zuerst die guten Werke des Menschen gefordert sind, ehe Gott vergibt und segnet, ist es auf Evangeliumsboden genau umgekehrt: Gott schenkt Gnade und vergibt unverdient und bedingungslos jedem, der es von Herzen im Glauben ergreift. Danach erst, auf dem festen Boden der göttlichen Vergebung und Rechtfertigung, werden dann auch wir, ohne jeden drohenden Unterton, ermahnt, einander zu vergeben!

Mit dem Zeitwort aphiämi = erlassen hängt das Hauptwort **aphesis** zusammen. Es bedeutet: **Erlaß von Schuld – Sündenvergebung – Entlassung aus einer Gefangenschaft.** Sowohl die Evangelien als auch die Apostelgeschichte, Paulus und der Hebräerbrief benutzen es, um Gottes Vergebung zu bezeichnen (z. B. in Matth. 26, 28; Mark. 1, 4; Luk. 1, 77; Apg. 5, 31; 10, 43; Eph. 1, 7; Kol. 1, 14; Hebr. 9, 22). In Lukas 4, 18 tritt die Bedeutung »Entlassung aus der Gefangenschaft, Gefangenenbefreiung« hervor.

Paulus schreibt in Epheser 1, 7: »In Ihm **haben** wir die **Erlösung** (apolytroosis) durch Sein Blut, die **Vergebung** (aphesis) der Sünden« (ähnlich Kol. 1, 14). Hier wird vor der Vergebung die Erlösung genannt, anders übersetzt der Loskauf. (Apolytroosis bezeichnet ursprünglich die Loskaufung eines Sklaven durch die Erlegung des Lösegeldes, lytron). Jesus gab Sein Leben als Lösegeld (lytron) für viele (Matth. 20, 28). Im semitischen Sprachgebrauch ist »viele« gleich »alle« (Jacob Kroeker, Römerbrief). So kann Petrus schreiben: »Ihr wißt, daß ihr nicht mit vergänglichen Dingen, mit Silber oder Gold, erlöst worden seid (lytroo) von eurem eitlen, von den Vätern überlieferten Wandel, sondern mit dem kostbaren Blut Christi« (1. Petr. 1, 18. 19). Dieser **Loskauf** geschah auf **Golgatha** und war die unabdingbare Voraussetzung für die **Vergebung,** die wir **heute** erlangen dürfen. Weil Jesus Christus damals Sein Blut und Leben gab, die apolytroosis vollzog (Loskaufung), können und dürfen wir heute die aphesis haben: Schulderlaß, Sündenvergebung, Freilassung, Loslassung!

Der **Schulderlaß** ist gleichsam die juristische Seite: Weil jemand die Schuldsumme für mich bezahlt hat, bin ich nicht länger verschuldet und (wie ein Schuldner zur Zeit Jesu) im Schuldturm gefangen. **Sündenvergebung** ist die persönliche, liebesmäßige Seite: Gott selbst vergibt uns alle Sünde um Seines Sohnes willen, den Er aus Liebe zur Welt ans Kreuz gegeben hat. **Freilassung** ist die machtmäßige Seite: Ich muß nicht länger im Schuldturm sitzen, muß nicht länger ein Sklave von Sünde und Satan und Ichsucht sein, ich darf befreit meinen Weg gehen. (Nach Adolf Heller: »Gottes wunderbares weltweites Heil« bezeichnet aphesis die Freilassung oder Loslassung, die geschah, wenn ein auf die Sehne gelegter Pfeil mitten aufs Herz der Zielscheibe lossauste, wenn Pferde bei einem Wettrennen nach dem Öffnen der Barriere losstürmten, wenn ein vorher mit dicken Tauen festgemachtes Schiff losgebunden wurde und, vom Wind getrieben, aufs freie Meer losfuhr.)

In Jesus Christus **haben** wir die Erlösung, die Loskaufung, und deshalb nun auch Schulderlaß, Sündenvergebung und Freilassung. Gotteskinder **leben** in der Vergebungsgnade und erfahren sie immer wieder neu. Sie brauchen nie an ihrer Gültigkeit zu zweifeln. Wenn sie aus Schwachheit gesündigt haben, beugen sie sich und bitten Gott um Vergebung – jedoch nicht zweifelnd, sondern vertrauend. Denn sie **haben** ja als Errettete grundsätzlich die Zusage von Gottes Vergebung, sie gehört ihnen, und sie brauchen sie sich vom Feind nicht streitig machen zu lassen. Losgekettet und aus dem Schuldturm befreit, gehen sie »in der Freiheit eines Christenmenschen« ihren Weg. Immer wieder sollen sie Gott danken für das Gnadengeschenk der Sündenvergebung und des Losgekettetseins von Schuld und Macht der Sünde.

27. Kraft, Trost und Hoffnung durch die Gnade

»Du nun, mein Kind, sei stark in der Gnade, die in Christus Jesus ist«, ermuntert Paulus seinen geistlichen Sohn Timotheus (2. Tim. 2, 1). Der noch jugendliche Timotheus hatte solche Kraft bitter nötig, um sich inmitten von Abfall, Kampf und Leiden als ein guter Streiter Christi Jesu zu bewähren.

Gnade schenkt Kraft, innere Kraft. Sie macht das Herz fest (Hebr. 13, 9 Luther). Da der durch Christus Erlöste Sündenvergebung, Rechtfertigung und Rettung aus Gnaden geschenkt bekam, muß er seine Kräfte nicht mehr in unnützen Selbsterlösungsversuchen vergeuden. Die gleiche Gnade, die ihn rettete, stärkt ihn auch für Arbeit und Kampf.

Wo aber Leid und Traurigkeit den Glaubensweg kreuzen, da tröstet der gnädige Gott, Er spricht uns zu. Dies durfte Paulus reichlich erfahren. Im 2. Korintherbrief darf er einen wunderbaren Gottesnamen niederschreiben (1, 3). Er nennt Gott den »**Vater der Erbarmungen und Gott alles Trostes**«. Dies erinnert an Psalm 144, wo wir Gott als »Quell der Güte für mich« bezeichnet fanden. Gott, der Urquell der Erbarmungen, ist zugleich der Gott, der uns zuspricht. Was immer wir an Zuspruch brauchen – Ermunterung für den Verzagten, Ermahnung für den Vorwitzigen, Ansporn für den Trägen, Trost für den Traurigen – will der Vater der Erbarmungen uns schenken. Er erbarmt sich, wie sich ein Vater erbarmt (Ps. 103, 13), und tröstet, wie eine Mutter tröstet (Jes. 66, 13).

Die Gnade ist auch immer mit Hoffnung verbunden. Befreit von der Angst vor ewiger Höllenpein, dem Zittern vor Gottes Zorn, darf der Errettete vertrauend in die Zukunft blicken. Er steht in der Gnade und rühmt sich der Hoffnung der Herrlichkeit Gottes (Röm. 5, 2). Er weiß und glaubt mit Petrus: Den Demütigen gibt Gott Gnade, und die Demütigen und Niedrigen werden einmal wunderbar erhöht werden (1. Petr. 5, 5. 6).

28. Übermächtige Gnade

Eine wunderbare Gnadenbotschaft leuchtet auf in Römer 5, 20, wo der Text der Lutherbibel lautet: »Wo aber die Sünde mächtig geworden ist, da ist doch die Gnade noch viel mächtiger geworden.« Andere Übersetzer sagen: »Wo aber die Sünde zunahm, da wurde die Gnade noch viel größer« (Wilhelm Michaelis) – »Wo aber die Sünde sich gehäuft hatte, ist die Gnade noch überschwenglicher geworden« (Jerusalemer Bibel) – »Wo aber die Sünde sich mehrte, da wurde die Gnade überreich« (Sigge-NT) – »Wo aber die Sünde ins Unermeßliche gestiegen war, da hat sich die Gnade in ihrem Reichtum noch weit mächtiger erwiesen« (Jacob Kroeker) – »Wo aber die Sünde zunimmt, da strömt die Gnade über« (Konkordante Wiedergabe).

Viele Menschen haben es schon erlebt, und in mancher christlichen Biographie ist es nachzulesen: Die Sünde ruinierte einen Menschen mehr und mehr, aber Gottes Gnade triumphierte! Ob Gangster, Rocker, Alkoholsüchtige, Drogenabhängige, Gewalttäter, Mörder – immer wieder erwies es sich an einzelnen: Gottes Gnade ist noch viel mächtiger! Sie schenkt Erleuchtung und Einsicht, den Willen zur Umkehr, Vergebung, Errettung und ein neues Leben.

Paulus spricht aber in Römer 5, 12–21 nicht nur von einzelnen. Ihm steht die Gesamtmenschheit vor Augen. Auch an ihr soll es sich einmal erweisen: So tief der Fall, so bedrückend die Herrschaft der Sünde – Leben und Rechtfertigung werden aufgrund von Golgatha einmal weltweit siegen. Die Gnade wird triumphieren.

Derartige Lehren des Paulus wurden schon zu seinen Lebzeiten heftig bekämpft. Man sagte: Das ist gefährlich. Und tatsächlich können einzelne Aussagen des Paulus gefahrbringend mißverstanden werden, wenn man nicht geistlich, sondern fleischlich mit ihnen umgeht, wenn nicht Gottesgeist und Bibelwort das Denken beherrschen, sondern der Vorwitz der menschlichen Logik. – So gab es Leute, die dem Apostel nachsagten, er lehre: »Laßt uns das Böse tun, damit das Gute komme« (Röm. 3, 8). Scharf lehnt er diese Folgerung ab und nennt sie Lästerung (obwohl Gott tatsächlich aus Bösem Gutes hervorzubringen vermag – siehe das Leben Josephs –, aber das ist etwas anderes und ist nie und nimmer eine Aufforderung, Böses zu tun). Ebenso scharf lehnt Paulus es ab, aus seiner Aussage in Römer 5, 20 etwa zu folgern: Dann wollen wir in der Sünde beharren und damit der Gnade Gelegenheit geben, sich um so mächtiger zu erweisen (Röm. 6, 1. 2).

Aber der falsche Gebrauch hebt den richtigen nicht auf, und auch mißdeutete Bibelwahrheit bleibt, richtig verstanden, Wahrheit. Gottlob, es bleibt dabei: Gottes Gnade, die vom Kreuz Jesu Christi her in eine verlorene Welt hereinströmt, ist mächtiger und wird sich letzten Endes mächtiger erweisen als alle Macht der Sünde und des Todes! Die Sünde wird einmal abgeschafft (Hebr. 9, 26) und der Tod entmachtet werden (1. Kor. 15, 26). Die Gnade aber – als Wesensbestandteil der Liebe Gottes – bleibt.

29. Völlig ausreichende Gnade – Gnade zu guten Werken

»Meine Gnade reicht aus für dich«, so kann der Zuspruch des erhöhten Herrn an Paulus in 2. Korinther 12, 9 übersetzt werden. Sie reicht sogar dann aus, wenn die eigenen Wünsche nicht erfüllt und Gebete nicht erhört werden, wie es Paulus erleben sollte (2. Kor. 12, 7–10).

Wie völlig ausreichend Gottes Gnade für die Glaubenden ist, bezeugt Paulus noch an einer anderen Stelle im 2. Korintherbrief in wunderbarer Weise. Er sagt dort (9, 8): »Gott aber ist mächtig, jede Gnade gegen euch überströmen zu lassen, auf daß ihr, in allem allezeit alle Genüge habend, überströmend seid zu jedem guten Werk.«

Hier ist von einem doppelten Überströmen die Rede. Mit Recht schrieb Georg Steinberger vom »Gnadenstrom«. Die Gnade Gottes will und soll in unser Leben einströmen. Die Folge davon ist, daß wir nicht nur gerade genug haben, um als Glaubende leben und existieren zu können, sondern daß auch wir nun überströmend werden – und zwar ganz konkret und praktisch »in jedem guten Werk«, nicht nur gedanklich und innerlich. Wo das nicht geschieht, wo Gotteskinder nicht überströmen in Freude, Dank, Lob, Bekenntnis und dann auch in guten Werken, da haben sie »vergessen«, Gnade zu nehmen. Da leiden sie Mangel an Gnade. Die Ursache dafür liegt jedoch niemals bei Gott, der uns mit der Fülle Seiner Gnade wie mit einem Strom überfließend beschenken will. Sie kann nur bei uns selber liegen – in einem trägen und kleingläubigen Herzen!

Wir sprachen schon davon, daß Glaubende nicht **aus guten Werken,** wohl aber **zu guten Werken** errettet worden sind. Hierin stimmen die Paulusworte Epheser 2, 8–10 und 2. Korinther 9, 8 voll überein (siehe auch 1. Tim. 2, 10; 5, 10; 6, 18; Tit. 2, 7. 14; 3, 8. 14; 1. Kor. 15, 58; Hebr. 10, 24). Wo Gottes Gnade wirklich einen Menschen erfaßt, da läßt sie ihn nicht faul und träge, gleichgültig und lieblos sein.

Bei den geforderten »guten Werken« ist nicht zuletzt an Werke der Liebe, Gnade und Barmherzigkeit zu denken. Wer Barmherzigkeit erlangte, soll ebenfalls barmherzig sein. Wer Vergebung erfuhr, soll vergeben. Wie sich der Herr unser erbarmte, sollen wir uns ebenfalls der Elenden erbarmen. »Seid barmherzig, wie auch euer Vater barmherzig ist«, lehrte Jesus (Luk. 6, 36). »Selig sind die Barmherzigen, denn sie werden Barmherzigkeit erlangen« (Matth. 5, 7). »Es wird ein unbarmherziges Gericht über den ergehen, der nicht Barmherzigkeit getan hat« (Jak. 2, 13). »Die Weisheit von oben ist ... reich an Barmherzigkeit« (Jak. 3, 17). – Ohne vor den lehrmäßigen Unterschieden zwischen Bergpredigt, Jakobusbrief und paulinischer Lehre die Augen zu verschließen, darf doch festgestellt werden: Alle Aufforderungen der Schrift zu barmherzigem Tun gelten im Sinne von 2. Korinther 9, 8 – nicht als Drohung, sondern als Ermunterung – auch den Gliedern des Leibes Christi.

30. Das rechte Nehmen der Gnade

Unser Glaube ist die ausgestreckte Hand, um Gottes Gnade zu ergreifen und mit geöffnetem Herzen aufzunehmen. Das gilt sowohl für den Glaubensanfang, als wir errettet wurden »aus Gnade durch Glauben« (Eph. 2, 8), als auch für das ganze weitere Glaubensleben. Fortwährend nehmen wir im Glauben aus Gottes Fülle Gnade um Gnade (Joh. 1, 16).

Das ist nicht so zu verstehen, als wäre zwar die Gnade ein Geschenk Gottes, der Glaube aber unsere Leistung. Nein, auch der Glaube ist Gottes Werk (Joh. 6, 29). Wir haben nichts zu rühmen. Alles ist Geschenk. Alles Gottgemäße – ob Bekehrung, Glaube oder aus der Gnade hervorgebrachte gute Werke – wirkt Gott. Und doch tut Gott dies alles, ohne uns zu vergewaltigen. Wir sind innerlich und äußerlich dabei, unser Herz sagt Ja, unser Wille geht mit, unser Kopf denkt, unsere Hände arbeiten. Und doch kommt alles von Gott! Das ist überlogisches, bipolares biblisches Denken.

Um die Gnade Gottes recht nehmen zu können, müssen wir zunächst einmal »die Dinge kennen, die uns von Gott aus Gnade geschenkt sind« (1. Kor. 2, 12). Darum ist biblisches Wissen und Erkennen so wichtig und durchaus auch von praktischem Wert. Ich kann nur nehmen, was ich erkenne. So haben die Kolosserchristen die Gnade Gottes, Seine huldreiche Herabneigung im Sohn Seiner Liebe, zunächst einmal erkannt (Kol. 1, 6), um sie dann auch zu ergreifen und darin zu leben.

Diejenigen, »welche die Überschwenglichkeit der Gnade und der Gabe der Gerechtigkeit empfangen, werden im Leben herrschen durch den einen, Jesus Christus«, bezeugt der Apostel Paulus in Römer 5, 17. Das Wort »empfangen« drückt an dieser Stelle ein fortdauerndes Nehmen aus.

Sehr wichtig ist es, Gottes Gnade rechtzeitig zu nehmen. Hören wir dazu eine Mut machende Aufforderung des Hebräerbriefes (4, 16): »Laßt uns nun mit Freimütigkeit hinzutreten zum Thron der Gnade, damit wir Barmherzigkeit empfangen und Gnade finden zur rechtzeitigen Hilfe.« Es gibt – dem Herrn sei Lob und Dank! – Gnade für Gestrauchelte und Gefallene, Irrende und vom rechten Weg weit Abgekommene. Sogar »der Gerechte fällt siebenmal und steht wieder auf« (Spr. 24, 16). Jesus hatte Gnade für den sinkenden Petrus und sogar für den Petrus, der Ihn verleugnet hatte. In beiden Fällen hatte er Jesu Gnade nicht rechtzeitig ergriffen, sein Glaube war erlahmt, sein Glaubensblick blieb nicht auf den Herrn gerichtet. – Besser ist es, Gottes Gnade und Barmherzigkeit rechtzeitig zu ergreifen, jeden Morgen neu. Wir müssen nicht ständig straucheln und fallen, sinken, in die Irre gehen, verleugnen und mit großer Beschämung wieder zurechtgebracht werden. Das mag vorkommen, besonders in der Anfangszeit des Glaubens, und zu unserer Demütigung dienen, aber der Normalzustand eines Gläubigen ist es nicht. Sicher hatte auch ein Paulus Jesu Gnade nicht rechtzeitig ergriffen, als er einmal, um nicht in Gefangenschaft zu geraten, schleunigst die Flucht ergriff, indem er sich in einem Korb durch ein Fenster der Stadtmauer abseilen ließ – und wohl auch nicht bei der erbitterten Auseinandersetzung mit Barnabas, als es wegen des Johannes Markus rote Köpfe gab und man sich trennte (2. Kor. 11, 32. 33; Apg. 15, 39).

Ähnliches kommt immer wieder vor und hält uns in der Demut. Um so wichtiger ist es, Hebräer 4, 16 doch wirklich in der Hetze und Unruhe des Alltags zu beachten. Mach mal Pause – sprich ein kurzes Gebet – fahre vielleicht zu diesem Zweck für fünf Minuten einen Parkplatz an oder ziehe dich sonstwie zurück – besinne dich auf Jesu Gnade und ergreife sie betend, und du wirst neu gestärkt und begnadet Gottes **rechtzeitige** Hilfe erleben!

31. Mangel an Gnade?

Gottes Gnade ist überreich und überströmend. Gottes Wort spricht, wie wir gesehen haben, von **überströmender** Gnade, vom **Reichtum** Seiner Gnade, von der **Menge** Seiner Gütigkeiten, von der **Fülle** Seiner Liebe. Trotzdem kommt es vor, daß Gläubige Mangel leiden an der Gnade Gottes. Das wirkt sich dann natürlich im Alltag aus, das kann man auf die Dauer nicht schauspielerisch überspielen, es wirkt sich im Verhalten ebenso gewiß aus, wie sich ein Mangel an Eiweiß oder Eisen oder Vitaminen im Körperhaushalt auswirkt. Der Mensch wird unfroh, kraftlos, vielleicht verkrampft, Versagen reiht sich an Versagen, und die Sünde – die bei Gläubigen zwar noch vorkommt, aber nicht mehr **herrscht** (Röm. 6, 14), weil ja die **Gnade herrscht** (Röm. 5, 21) – regt sich wieder mächtig.

Wie wir bereits sahen, hat ein solcher Mangel damit zu tun, daß wir nicht aus Seiner Fülle Gnade um Gnade nehmen (aus Gleichgültigkeit, Herzensträgheit oder Unwachsamkeit gegenüber der Sünde), vor allem nicht Gnade zur rechtzeitigen Hilfe (Joh. 1, 16; Hebr. 4, 16).

Darum ermahnt der Hebräerbriefschreiber mit Nachdruck (12, 14. 15): »Jaget dem Frieden nach mit allen und der Heiligung, ohne die niemand den Herrn schauen wird, indem ihr darauf achtet, daß nicht jemand an der Gnade Gottes Mangel leide, daß nicht irgendeine Wurzel der Bitterkeit aufsprosse und euch beunruhige . . .«

Dieses Wort darf nicht dahingehend mißverstanden werden, als sei irgendeine bestimmte Stufe der Heiligung (welche denn?) Vorbedingung zur Teilhaberschaft an der Entrückung (1. Thess. 4, 13–18)! Davon steht nichts im Worte Gottes. Hingegen ist es das Normale, daß ein Mensch, der Gottes Gnade und den Heiligen Geist empfangen hat, grundsätzlich die Heiligung bejaht und in ihr lebt. (Heilig sein bedeutet: abgesondert von der Sünde und dem Herrn geweiht.) Da kein Gläubiger auf Erden perfekt in der Heiligung lebt, bleibt sie ein Ziel, dem es nachzujagen gilt. Das Bild vom Nachjagen will sagen: Zwischen der Heiligung und mir besteht ein Abstand. Dieser wird auf Erden nie ganz verschwinden, aber unser Bestreben sollte sein, daß er verringert werde. Und das kann eben nur geschehen, wenn ich fortwährend aus Gottes Fülle Gnade um Gnade nehme: vergebende, reinigende, heiligende, Kraft und Trost spendende Gnade.

Viele Gestalten der Bibel litten zeitweise trotz der Menge Seiner Gütigkeiten Mangel an der Gnade Gottes – ein Abraham, Isaak, Jakob, David, Salomo, Jona oder Petrus. Sollte es bei uns so sein, so brauchen wir nicht zu verzagen, doch der Mangel sollte so schnell wie möglich behoben werden. Wie denn? Indem ich neu im Glauben ergreife, was Gott mir anbietet, und mich nicht mehr verschließe. Indem ich von Herzen mit dem Dichter spreche:

>>Herr, ich komme, einfach glaubend
Deines Wortes Sicherheit,
meiner Sünden volle Sühnung,
Deiner Gnade Lieblichkeit.
Künftig ströme durch mein Leben
Deines Lebens Fülle hin,
kalte Herzen zu erreichen,
Dir, Herr Jesu, zum Gewinn!<<

(»Lobgesänge der Gemeinde« Nr. 794.)

32. Leben in der Gnade – Herrschaft der Gnade

Wer durch Gottes Gnade gerettet und gerechtfertigt wurde, soll nun in der Gnade leben. Römer 5, 2 spricht von »Gnade, in der wir stehen« oder »in der wir festen Fuß gefaßt haben, feststehen, stehenbleiben«. Die Mengebibel sagt: »durch den wir im Glauben auch den Zugang zu unserm jetzigen **Gnadenstande** erlangt haben.«

Einst lebten wir im **Sündenstande** – das Sündigen war das Normale. Nun leben wir im **Gnadenstande** – das fortwährende Nehmen Seiner Gnade ist nun die Norm. Solchen Menschen kann Paulus auch zurufen: »Singt Gott in euren Herzen in Gnade« – »Euer Wort sei allezeit in Gnade« – »Erweist euch gegenseitig Gnade, wie auch Gott euch in Christus Gnade erweist« (Kol. 3, 16; 4, 6; Eph. 4, 32 Konkordante Wiedergabe). Solches ist im Gnadenstande möglich. Im Sündenstande des unerretteten Menschen ist es völlig ausgeschlossen.

An die Stelle der früheren **Sündenherrschaft** tritt nun die **Gnadenherrschaft**. Über den natürlichen Menschen herrschen Sünde und Tod wie Könige (Röm. 5, 14; 6, 14). Für Errettete und Gerechtfertigte aber gilt: »Wo die Sünde überströmend geworden, ist die Gnade noch überschwenglicher geworden, damit, wie die Sünde königlich geherrscht hat im Tode, so auch **die Gnade königlich herrsche** durch (gottgewirkte) Gerechtigkeit zum ewigen Leben durch Jesus Christus, unseren Herrn« (Röm. 5, 21).

Dies hat einen praktischen Aspekt und zugleich – im Zusammenhang von Römer 5 – einen weltweiten Bezug. Praktisch gilt: Es kann und soll in unserem Leben tatsächlich zu einer Gnadenherrschaft kommen. Wir dürfen uns nicht nur der göttlichen Zuneigung allezeit erfreuen (um Seiner Liebe willen, nicht um unserer Werke willen), nein, Gottes Gnade will sich als königlich herrschende Macht in uns erweisen – als Vergebungsgnade, Rechtfertigungsgnade, kraftspendende Gnade, heiligende Gnade, Dienstgnade, Leidensgnade, in jedes gute Werk überströmende Gnade. Damit das geschehen kann, ermuntert uns Gottes Wort: **Nimm die Gnade!** Ergreife sie täglich! Rechne mit ihr! Lebe darin! Gib ihr Raum!

Christus will aber Seine Gnadenherrschaft nicht nur in der Gemeinde aufrichten, sondern zuletzt weltweit. Sein Königreich kommt. Es beginnt zwar mit schweren **Gerichten,** doch das Ziel aller Christusherrschaft ist und bleibt (wie schon heute in der Gemeinde) königliche Herrschaft der **Gnade.**

Dazu schrieb Jacob Kroeker in seiner 1949 erschienenen Auslegung von Römer 1–8 zu Römer 5, 21 (Oncken-Verlag, S. 201–203):

»Nicht nur wie einst aufgrund des Falles Sünde und Tod wie eine königliche Macht herrschten, weit überwältigender soll der Reichtum der Gnade zur Herrschaft gelangen durch Jesus Christus. Diese Herrschaft wird Ausdruck der Gerechtigkeit Gottes sein und ewiges Leben wirken in einer Welt, in der die Sünde ins Unermeßliche gestiegen ist . . . Wie Christus in Seiner Vollmacht Lebensherrschaft wirkt und wirken wird, und zwar bis in die letzte Vollendung hinein, das soll der Welt aufgehen an Seiner Gemeinde. Ihre Existenz innerhalb der Geschichte und in der Welt des Todes ist Verheißung: Christus wird Seine Sendung einmal in Vollmacht zu Ende führen. Für Ihn kann es kein Gebiet des Lebens, keine Leiden der Zeit, keine Knechtschaft im Völkerleben, keine Mächte der Unterwelt geben, die Er nicht dank Seiner Vollmacht in Gottes Gerechtigkeit und Herrschaft hineinerlösen kann . . . Wer vermag zu ahnen, was durch Christus aufgrund Seiner Vollmacht und Seiner Herrscherwürde noch alles geschehen und zur Herrschaft des Lebens erlöst und vollendet werden wird!«

33. Die Gnade nicht vergeblich empfangen!

Gerade weil die Gnade Gottes ein so kostbares Gut ist, ist ihre bewußte verächtliche Ablehnung oder ihre gleichgültige Geringschätzung so schwerwiegend. Wer, nachdem er einmal erleuchtet war, bewußt auf die Seite des Feindes Gottes überwechselt – also nicht etwa nur aus Schwachheit sündigt –, das Blut Jesu für unrein und gemein erachtet und den Geist der Gnade schmäht, den erwartet schärfstes Gericht (Hebr. 6, 4–6; 10, 26–31). Dies liegt auf der Linie der Lästerung des Heiligen Geistes, der bewußten eiskalten Ablehnung und Schmähung, die nach Matthäus 12, 31–32 weder in diesem noch im kommenden Zeitalter vergeben werden kann.

Diese Sünde betrifft nicht die Glieder der Gemeinde Gottes. Was aber auch bei ihnen an Gnadenmißbrauch vorkommen kann, ist das **Aus-der-Gnade-Fallen** und das **Ins-Leere-Empfangen** der Gnade.

Das erstere ist, wie wir weiter oben schon andeuteten, nicht irgendeine Form von Gottlosigkeit, sondern etwas »ganz Frommes«: Man meint, der Kreuzestat Christi noch etwas hinzufügen zu müssen, um mit Gott in Ordnung zu kommen (Beschneidung, Gesetz oder sonstige eigene »Leistungen«), und **erklärt sie damit für unzureichend!** Solchen Menschen schleudert Paulus entgegen: »Siehe, ich, Paulus, sage euch, daß Christus euch nichts nützen wird, wenn ihr euch beschneiden laßt. Ich bezeuge aber noch einmal jedem Menschen, der sich beschneiden läßt, daß er das ganze Gesetz zu tun schuldig ist. Ihr seid von Christus abgetrennt, die ihr im Gesetz gerechtfertigt werden wollt; **ihr seid aus der Gnade gefallen.**« – Man kann eben nicht mit einem Bein auf Gesetzesboden und mit dem anderen Bein auf Gnadenboden stehen wollen. Hier gibt es nur ein Entweder-Oder: Ganz aus Gnaden errettet – oder (falls es das gäbe) ganz aus Werken! Wer sich nicht ganz auf Gnadenboden begeben will, weil er ihn für nicht tragfähig genug hält, mit dem rechnet Gott nach seinen Werken ab.

Sehr ernst mahnt Paulus in 2. Korinther 6, 1, »die Gnade Gottes nicht vergeblich zu empfangen«. Wörtlich übersetzt heißt es: »die Gnade Gottes nicht ins Leere hinein zu empfangen«. »Ins Leere« bedeutet: umsonst, vergeblich, ohne Ertrag, ohne Wirkung. Von sich selbst darf Paulus bezeugen, daß Gottes Gnadenwirken an ihm kein Leerlauf war. Vielmehr wirkte es sich dahingehend aus, daß er schreiben kann: »Ich habe viel mehr gearbeitet als sie alle, nicht aber ich, sondern die Gnade Gottes« (1. Kor. 15, 10). Paulus möchte auf keinen Fall, so betont er an anderen Stellen, »ins Leere, ins Blaue hinein, ziellos, umsonst« laufen noch sich mühen (Gal. 2, 2; Phil. 2, 16; vgl. 1. Thess. 3, 5).

Gottes Gnade nicht vergeblich empfangen, heißt, die Gnade wirken lassen. Wie sie sich auswirkt, zeigt Paulus im Zusammenhang des Textes in 2. Korinther 6, 1–10: in treuem Dienst und standhaft ertragenen Leiden. Gnade wirkt, es gibt keine tote Gnade.

Wir Heutigen sind von solchen Paulusworten aus gefragt: Ruhen wir auf der Vergebungsgnade aus? Sind wir gar auf einem Gnaden-Ruhekissen eingeschlafen? Haben wir übersehen, daß die Gnade an und mit uns wirken will? – Für Leute, die zwar durch Christi Blut errettet sind, aber die Gnade als Vorwand für ein träges und gleichgültiges Leben mißbrauchen, wird es vor dem Richterstuhl Christi ein schmerzliches Erwachen geben (2. Kor. 5, 10; 1. Kor. 3, 11–15).

34. Gnade zum Dienst für die Glieder des Leibes Christi

Sind nur einige wenige Gläubige zum Dienst innerhalb der Gemeinde Christi berufen? Wird **Dienstgnade** nur wenigen zuteil? Besteht die Gemeinde Jesu Christi aus einer kleinen Elite von Dienenden und der großen Masse der unbeteiligten Zuschauer und Genießer, die höchstens – wie beim Besuch einer Oper – über die Qualität des Dargebotenen kritische Gedanken äußern?

Es könnte fast so scheinen, wenn man das Leben in Kirchen und Freikirchen und Gemeinschaften beobachtet. Einige mühen sich ab und dienen – die anderen lassen sich bedienen und beanstanden höchstens, daß sie nicht noch besser bedient werden! – Entspricht das dem neutestamentlichen Bild der Gemeinde? Auf gar keinen Fall! »Jedem einzelnen von uns ist die Gnade nach dem Maß der Gabe Christi gegeben worden«, bezeugt der Apostel Paulus im Epheserbrief (4, 7), und nach dem Textzusammenhang geht es hier eindeutig um **Dienstgnade.** Wenn Paulus die Gemeinde immer wieder den **Leib Christi** nennt, so drückt er gerade damit aus, daß **alle** Glieder eine Funktion (sprich: einen Dienst) haben, freilich im einzelnen sehr verschiedene Funktionen. »**Einheit in der Verschiedenheit**« ist hier die Losung. Das wird gerade in Epheser 4 sehr deutlich: Zunächst betont Paulus hier die Einheit des Leibes Christi (V. 3–6), danach die Verschiedenheit der Dienste (V. 7–13).

Freilich wird nicht jedes Glied des Leibes Christi zum Evangelisten, zum Hirten, zum Lehrer oder gar zum Apostel berufen. Doch es gibt genügend viele »einfache« Dienste, so daß tatsächlich jeder Gläubige eine Funktion hat, und wenn sie gar »nur« im Beten oder im Leiden (Kol. 1, 24) bestünde! Das soll im folgenden Abschnitt noch näher gezeigt werden.

Jeder fruchtbare Dienst in der Gemeinde oder an der Welt aber hat eine Grundvoraussetzung: **die Gesinnung der Demut und der Liebe.** So ermahnt Paulus in Kolosser 3, 12–15 zu herzlichem Erbarmen, Güte, Demut, Milde, Langmut, Frieden des Christus und göttlicher Liebe. Der Ausdruck herzliches Erbarmen (splangchna oiktirmou) bezeichnet innerste herzliche Regungen des Erbarmens. (Das Wort splangchna ist wie das hebräische rachamim eine Mehrzahlform und bedeutet ursprünglich Eingeweide, ferner Sitz der Gefühle, Herz. Es findet sich auch in Phil. 1, 8 – »Ich sehne mich nach euch mit dem Herzen Christi Jesu« – und Phil. 2, 1, wo Herzlichkeit und Erbarmen in der Mehrzahlform erscheinen: splangchna kai oiktirmoi = Regungen herzlicher Liebe und Erbarmungen. Die Mehrzahl soll, wie Walter Bauers Wörterbuch sagt, »die konkreten Erscheinungsformen des abstrakten Begriffes ausdrücken.«)

Man merkt es einem Dienst sehr bald an, ob er aus göttlicher Gnade fließt und die Herzlichkeit göttlicher Liebe dahintersteht. Man spürt rasch, ob er in Demut oder mit herablassender Geste getan wird. Nur ein Dienst in der Liebe Gottes und der Demut Christi kann letzten Endes bleibende Frucht wirken.

35. Verwaltung der Gnadengaben

Paulus wurde die »**Verwaltung der Gnade Gottes**« anvertraut (Eph. 3, 2). Dabei geht es, wie wir schon gesehen haben, um die gegenwärtige Gnadenhaushaltung der Gemeinde – im Unterschied zur Gesetzeshaushaltung des Mose. (Gottes Plan sieht ja verschiedene Äonen und Ökonomien vor, Zeitalter und Haushaltungen oder Heilsverwaltungen.)

Paulus darf sich und seine Mitarbeiter auch »**Verwalter der Geheimnisse Gottes**« nennen. Während es in Matthäus 13 um die »Reichsgeheimnisse Gottes« geht, offenbart und verwaltet Paulus die »Personalgeheimnisse Gottes« (Karl Geyer). (Man lese dazu Eph. 3, 3. 4. 9; 5, 32; 6, 19; Kol. 1, 26. 27; 2, 2; 4, 3; ferner Röm. 11, 25; 16, 25; 1. Kor. 2, 7; 15, 51; Eph. 1, 9; 2. Thess. 2, 7; 1. Tim. 3, 9. 16.)

Etwas ganz anderes ist die **Verwaltung der Gnadengaben Gottes,** von der Petrus einmal spricht (1. Petr. 4, 10): »Wie jeder eine Gnadengabe (charisma) empfangen hat, so dient damit einander als gute Verwalter (Haushalter) der verschiedenartigen Gnade Gottes.«

Gottes Gnade (charis) wirkt sich aus in Gnadengaben (charisma). Zu einer guten Verwaltung dieser Gnadengaben gehört, die den einzelnen gegebenen Gaben zu erkennen, zu wecken, zu fördern und entsprechend einzusetzen. Es ist keine gute Verwaltung der Gnadengaben, denjenigen zum Reden und zum Predigtdienst zu drängen, der gar keine Redegabe empfangen hat – oder den kompliziert redenden Lehrer zur Straßenevangelisation mitzunehmen – den scheuen Egoisten zum Hirten zu bestimmen – oder den liebenden Ermahner zu einer praktischen Arbeit, die ihm gar nicht liegt. Beispiele solcher Fehlbesetzungen finden sich leider immer wieder.

Bei dem Begriff »Gnadengaben« denken viele immer nur an 1. Korinther 12 und 14. Es gibt jedoch außer den dort genannten noch viele andere (siehe 1. Petr. 4, 11; Röm. 12, 6–8; Röm. 1, 11; 6, 23; 11, 29; 1. Kor. 7, 7; 1. Tim. 4, 14; 2. Tim. 1, 16). Sie gilt es treu anzuwenden und zu verwalten.

Auf die schwierige Frage, ob einige der in 1. Korinther 12 und 14 genannten Gnadengaben heute »überholt« sind und als echte Gottesgaben nicht mehr vorkommen, kann im Rahmen dieser Arbeit nicht näher eingegangen werden. Sicher ist, daß je nach Zeit und Ort,

Jahrhundert, Kulturkreis und Missionsstrategie Gottes einzelne Gnadengaben besonders hervortreten oder auch zurücktreten. Paulus selbst scheint im übrigen eine Entwicklung durchgemacht zu haben, die sich in seinen Briefen widerspiegelt: An die Stelle der äußeres Aufsehen erregenden **Wundergaben** treten mehr und mehr die auf innere Reifung abzielenden **Wortgaben.**

Das Wort Gnade (charis) kann sogar zur Bezeichnung für eine Geldsammlung werden, für eine Kollekte für die armen Christen in Jerusalem (2. Kor. 8, 4. 6. 7. 19). So wird **Gnade** auch äußerlich zur **Gabe.** (Selbstverständlich verdient nicht jede Kollekte diesen Namen, sondern nur eine solche, bei der wirklich göttliche Liebe und Güte spürbar wird.)

Ob uns der Herr zum Wortdienst oder zu praktisch helfender diakonischer Arbeit, zum Pflege-, Küchen-, Auto- oder Telefondienst, zum Ermahnen und Ermuntern, zum Mitteilen äußerer Gaben, zur Bibelverbreitung, zu Aufgaben der Leitung oder Diensten der Barmherzigkeit (Röm. 12, 6–8), zum Verheiratetsein oder Ledigbleiben (1. Kor. 7, 7), zu besonderer Weisheit, besonderer prophetischer Erkenntnis, besonderem Berge versetzenden Glauben oder gar zum Wundertun berufen hat (1. Kor. 12, 4–11) oder »nur« noch zum Beten oder Leiden, als Schauspiel für Engel und Menschen (1. Kor. 4, 9) – alles geschehe in Demut und Liebe, entsprechend der gottgesetzten Gabenzuteilung, zum Wohl der Gemeinden und zur Ehre des Herrn!

36. Gnade für Leid, Not und Verfolgung

»Euch ist es für Christus in Gnaden geschenkt worden (charizomai), nicht allein an Ihn zu glauben, sondern auch für Ihn zu leiden«, schreibt Paulus an die von mancherlei Feinden bedrängten Philipperchristen (Phil. 1, 29). Leiden als Gnade zu empfinden, ist nicht leicht, es ist dem natürlichen Menschen sogar unmöglich. Wer jedoch erkennt, welch herrliche Dinge Trübsal bewirken kann – nämlich nach Römer 5, 3–4 und Jakobus 1, 12 Ausharren, Bewährung, Hoffnung und Siegeskranz –, der beginnt die **Leidensgnade** zu verstehen.

Unrecht zu erdulden, ist ebenfalls nicht leicht. Bei einem gerecht denkenden (oder sogar rechthaberischen) Menschen sträubt sich alles dagegen. Petrus aber schreibt an die gläubig gewordenen Sklaven seiner Zeit (1. Petr. 2, 19): »Das ist Gnade, wenn jemand vor Gott um des Gewissens willen das Übel erträgt und leidet das Unrecht.« Paulus wie Petrus rufen die Unterdrückten ihrer Zeit eigenartigerweise nicht zu Demonstrationen, Rebellion und Gewalt auf, sondern zum Leiden. Es geht ihnen niemals primär um Änderung der Strukturen, sondern um Änderung der Herzensgesinnung, sowohl bei Sklaven wie Herren, bei Männern wie Frauen.

Auch Hebräer 12, 1–11 betont, daß der Kampf des Leidens, den die Briefempfänger zu erdulden hatten – für viele verbunden mit dem Raub ihrer Güter (10, 32–34) –, göttliche Zucht und Erziehung sei. Zucht aber sei ein Beweis für **Liebe** (12, 6)!

Über Leidensgnade kann der am besten schreiben, der selber jahrzehntelang durch Leiden ging. Man lese die Bücher von Dr. Paul Müller »Unter Leiden prägt der Meister« und »Du weißt den Weg für mich – Andachten für Kranke«, und man erfährt von einem in Krankheitsnot Bewährten etwas wirklich Erlebtes und Erlittenes über Sinn und Segen von Leiden und Not.

37. Heiligende und vollendende Gnade

Christus selbst ist uns von Gott zur Heiligung gemacht (1. Kor. 1, 30). Und Er selbst, der Gott des Friedens, kann und will uns völlig auf die Ankunft des Herrn hin heiligen (1. Thess. 5, 23), und zwar nach Geist, Seele und Leib. Dies ist **Heiligungsgnade.** Dabei geht es darum, als ein Ihm Geweihter Ihm immer ähnlicher zu werden.

Nicht was wir **nicht** tun und **nicht** sind, entscheidet in erster Linie über unser Heiligsein (Nichtraucher? Nichttänzer? Nichtwähler? Nichtfernseher?), sondern was wir sind: Ihm Geweihte, Ihm zur Verfügung Stehende, Ihm verbindlich Gehörende. Als wir zum Glauben kamen, geschah ja nicht weniger als »die Trauung des Gottesgeistes mit unserem Menschengeist« (Karl Geyer). Trauung – Einswerdung – Geistesfrucht, lautet nun das Gottesprogramm. Das ist ein göttliches Geschehen in Glauben und Liebe aufgrund Seiner Gnade. – Selbstverständlich gehört zu solcher Hingabe an den Herrn auch das Nein zur Sünde! Doch was in erster Linie Heiligung ausmacht, sind nicht die Verneinungen, sondern ist das verbindliche Ja zum Herrn.

Die Heiligen sind keineswegs sündlos, perfekt, vollkommen. Sie bedürfen der Zubereitung. Heilige – so möchte ich es definieren – sind unfertige Gottgeweihte in der Schule des Heiligen Geistes. Darum dient die Gnade Gottes, die jedem einzelnen Glied des Leibes Christi seit den Tagen der Apostel zuteil wurde und wird – insbesondere den Aposteln, Propheten, Evangelisten, Hirten und Lehrern –, einem bestimmten Zweck: der Vollausrüstung der Heiligen für das Werk des Dienstes (Eph. 4, 7–12). Statt »Vollausrüstung« kann man auch übersetzen: dem In-Ordnung-Bringen, der Zurechtbringung, Zurüstung, Bereitung, Vollendung der Heiligen, und zwar zum Dienst.

Gottes Gnade will uns zubereiten, dienstfähig machen und schließlich vollenden. So meint es auch Petrus in seinem Segenswunsch (1. Petr. 5, 10): »Der Gott aller Gnade aber . . . Er selbst wird euch . . . vollkommen machen (in Ordnung bringen, zurechtbringen, bereiten, zurüsten), befestigen, kräftigen, gründen.«

Im Blick auf den wiederkommenden Herrn erwartet Petrus eine mit Ihm kommende **Vollendungsgnade** (1. Petr. 1, 13): »Seid nüchtern und setzt eure Hoffnung völlig auf die Gnade, die euch beim Offenbarwerden Jesu Christi dargeboten wird.« Der kommende Herr bringt Gnade mit, wie schon damals, bei Seinem ersten Kommen (Joh. 1, 14; Tit. 2, 11), so auch bei Seiner Wiederkunft, Gnade, um Seine heute noch so unfertige Gemeinde vollends in Ordnung zu bringen, zurechtzubringen, vollkommen zu machen. Wenn hier vom Offenbarwerden Jesu Christi die Rede ist, so zielt dieser Ausdruck (apokalypsis) ebenso wie in mehreren ähnlichen Stellen auf Sein Wiederkommen (vgl. 1. Kor. 1, 7; 2. Thess. 1, 7; 1. Petr. 1, 7; 4, 13). Seine Offenbarung wird die Vollendung Seiner Gemeinde durch Gnade bewirken. So sagt es ja auch der Apostel Johannes (1. Joh. 3, 2): »Geliebte, jetzt sind wir Kinder Gottes, und es ist noch nicht offenbar geworden, was wir sein werden; wir wissen, daß wenn Er geoffenbart werden wird, wir Ihm gleich sein werden, denn wir werden Ihn sehen, wie Er ist.« Das ist Vollendungsgnade! Von dieser Hoffnung gehen für die Gegenwart Heiligungsimpulse aus: »Und jeder, der diese Hoffnung auf Ihn setzt, reinigt sich, gleichwie Er rein ist.«

So hängen Heiligung und Vollendung der Gemeinde zusammen: Die Heiligung führt zur Vollendung. Die Vollendungshoffnung wiederum spornt zur Reinigung und Heiligung an. Und alles ist das Werk Seiner Gnade.

38. Gnade in zukünftigen Zeitaltern

Wir leben im Zeitalter der Angst. Viele Menschen, besonders junge Menschen, blicken ohne Perspektive, ohne Hoffnung in eine düstere Zukunft. Was wird kommen? Arbeitslosigkeit – AIDS – der atomare Holocaust?

Auch der Blick vieler Frommer in die Zukunft ist sehr vom Negativen getrübt. In ihrer »Zukunftshoffnung« nehmen Antichristenreich, Siegel-, Posaunen- und Zornschalengerichte der Offenbarung und ewige Höllenqual einen so breiten Raum ein, daß für anderes kaum noch Platz bleibt. Dabei erwarten doch die Gläubigen die Wiederkunft Christi, ihre Entrückung zum Herrn, das Tausendjährige Reich, das Herrschen und Richten und Erben mit Christus und die endgültige Überwindung aller Sünden- und Todesmacht!

Sehr fein beschreibt Paulus in Epheser 2, 7, was Glaubende für die

Zukunft zu erwarten haben. Er spricht hier nicht nur vom **kommenden Zeitalter** (wie Eph. 1, 21; Hebr. 6, 5; Matth. 12, 32; Mark. 10, 30; Luk. 20, 35), sondern von **den kommenden Zeitaltern** (Äonen): »Gott hat uns mitauferweckt und mitsitzen lassen in der Himmelswelt in Christus Jesus, damit Er in den kommenden Zeitaltern den überschwenglichen Reichtum Seiner Gnade in Güte an uns erwiese in Christus Jesus.«

Was also haben Christen für die Zukunft zu erwarten? Was kommt auf sie zu – nicht nur in den nächsten Jahren oder in tausend Jahren, sondern in Zeitaltern Gottes, Äonen? Ein über alle Maßen großer Reichtum Seiner Gnade in Güte!

Mit anderen Worten: Unsere kleine Lebenszeit ist viel zu kurz, als daß Gott Seinen ganzen Gnadenreichtum schon voll darin offenbaren könnte! Ja, selbst der kommende Äon, das Zeitalter des tausendjährigen Friedensreiches Christi, reicht dafür nicht aus! Es bedarf **kommender Zeitalter** für die Erweisung des überschwenglichen Reichtums Seiner Gnade in Güte an uns! Und ganz gewiß wird Gott diesen Gnadenreichtum Seiner Gemeinde nicht nur zum »privaten Gebrauch« zukommen lassen, sondern wiederum, um sie zuzurüsten zum Dienst an den übrigen, noch gottfernen Wesen und Welten!

Fürwahr: Gotteskinder haben Zukunft! Im Sterben, nach dem Sterben, bei der Wiederkunft Christi und ihrer Auferstehung, im kommenden Reichs-Äon und in allen kommenden Äonen sind und bleiben sie in Gottes Gnade geborgen!

39. Gnade und Erbarmen für alle Menschen

Zur Mönchsrepublik des »Heiligen Berges Athos« in Nordgriechenland gehört auch das russische Kloster Hagiou Panteleimonos, des heiligen **Panteleimon**. Der Name bedeutet »**Allerbarmer**«: Kloster des heiligen Allerbarmers. Mag auch dieser Name dem Gedenken eines Menschen gelten, der als ein allgemeiner Wohltäter bekannt wurde – mich hat der Name an Römer 11, 32 erinnert. Gott selbst ist in Wahrheit der »heilige Allerbarmer«, von dem Paulus in dieser Stelle sagt: »Gott hat alle (Juden und Heiden) in den Ungehorsam eingeschlossen, damit Er sich aller erbarme« (hina tous pantas eleäsä).

Das Kapitel Römer 11 hat einen einzigartigen Aufbau. Es ist wie bei einer Bergbesteigung: Das Panorama weitet sich immer mehr, von Abschnitt zu Abschnitt, manchmal von Vers zu Vers. Zunächst spricht Paulus von sich selbst, dann vom heiligen Überrest Israels, von Israels heute noch verstockter Masse, von ganz Israel, von allen Menschen und schließlich, im letzten Vers, vom gesamten All!

Gott ist in Wahrheit der **All-Erbarmer (pant-eleimon)**. Das bezeugt Römer 11, 32. Sein Erbarmen (eleos) will und wird noch alle Menschen erreichen (vgl. Röm. 5, 17–19; Tit. 2, 11; 1. Tim. 2, 4). Und aller Ungehorsam, alle Widerspenstigkeit der Menschen, der Israeliten wie der Nichtisraeliten, so sehr das alles auch mit Sünde und Schuld zu tun hat und Gericht nach sich zieht, liegt doch mit in Gottes Plan: Er hat die Menschheit zeitweilig darin eingeschlossen. Niemals **bejaht** Gott die Sünde, aber Er **benutzt** sie, um Sein Erbarmen um so herrlicher zu betätigen.

Als Jesus auf Erden weilte und wirkte, scholl Ihm immer wieder der Ruf entgegen: »Kyrie, eleison« – »Herr, erbarme dich!« (Matth. 9, 27; 20, 30. 31; Mark. 10, 47; Matth. 15, 22; 17, 15). Und aus wie vielen Herzen und von wie vielen Lippen ist dieser Ruf in allen Jahrhunderten inzwischen emporgestiegen! Gott, der Allerbarmer (Panteleimon) wird diese Bitte einmal weltweit erhören! Römer 11, 32 ist Gottes Antwort auf diesen Notschrei von Millionen und Milliarden Seiner elenden und verzweifelten Geschöpfe: »damit Er sich aller erbarme!« In Seinem Erbarmen zu allen Elenden offenbart Gott Sein Innerstes und Innigstes, Sein Herz, Sein Wesen, Seine Liebe.

Zwar kann Ihn niemand dazu zwingen. Immer gilt: »Er erbarmt

sich, wessen Er will« (Röm. 9, 18). Sein Begnadigen geschieht in souveräner göttlicher Freiheit. Aber gottlob: Er **will** ja alle Menschen erretten, Er **will** sich aller erbarmen (1. Tim. 2, 4; Röm. 11, 32), und deshalb **wird** Er es auch tun. Niemand kann Ihn dazu zwingen, aber auch niemand Ihn hindern, es zu tun – nicht einmal der verstockteste Eigenwille des Geschöpfes. Gerade das bezeugt Paulus hoffnungsfroh in Römer 11.

40. Gnade, der wir anbefohlen sind

Wie die Gnade Gottes uns in den allermeisten Briefen des NT als Eingangsgruß begegnet – »Gnade sei mit euch und Friede« –, so auch wiederum als Abschiedsgruß: »Die Gnade sei mit euch!« (Röm. 16, 20; 1. Kor. 16, 23; 2. Kor. 13, 13; Eph. 6, 24; Phil. 4, 23; Kol. 4, 18; 1. Thess. 5, 28; 2. Thess. 3, 18; 1. Tim. 6, 21; 2. Tim. 4, 22; Tit. 3, 15; Philemon 25; Hebr. 13, 25; ähnlich Gal. 6, 18).

Als Paulus und Barnabas auf ihrer ersten Missionsreise nach Lystra kamen, wurde Paulus gesteinigt und in der Meinung, er sei gestorben, zur Stadt hinausgeschleift. Doch als ihn die Jünger umringten (sicherlich mit inbrünstigem Gebet), erlebte er am eigenen Leibe die »überschwengliche Größe Seiner dynamischen Kraft an uns, den Glaubenden, nach der Energie der Herrschermacht Seiner Stärke«, die er im Epheserbrief rühmt (Eph. 1, 19 wörtlich). So stand er einfach auf, ging in die Stadt und setzte am nächsten Tag seine Missionsreise fort (Derbe – Lystra – Ikonion – Perge – Antiochia in Syrien). »Sie fuhren mit dem Schiff nach Antiochia«, lesen wir in Apostelgeschichte 14, 26, »wo sie der Gnade Gottes befohlen worden waren zu dem Werk, das sie nun ausgerichtet hatten« (vgl. Apg. 15, 40).

Nach seinem ergreifenden Rechenschaftsbericht vor den Ältesten von Ephesus verabschiedet sich Paulus von ihnen mit den Worten (Apg. 20, 32): »Und nun befehle ich euch Gott und dem Wort Seiner Gnade, das da mächtig ist, euch aufzuerbauen und das Erbe unter allen Geheiligten zu geben.«

Besonders bekannt wurde das Segenswort von 2. Korinther 13, 13: »Die Gnade unseres Herrn Jesus Christus und die Liebe Gottes und die Gemeinschaft des Heiligen Geistes sei mit euch allen!«

Am Ende des Epheserbriefes lautet der Segensgruß des Paulus: »Die Gnade sei mit allen, die unsern Herrn Jesus Christus lieben in Unvergänglichkeit!«

Petrus wünscht seinen Lesern am Ende seines 2. Briefes (3, 18) nicht nur Gnade, sondern ein Wachstum in Gnade und Erkenntnis: »Wachset aber in der Gnade und Erkenntnis unseres Herrn und Heilandes Jesus Christus. Ihm sei die Herrlichkeit jetzt und für ewige Zeiten! Amen.«

Nicht nur viele neutestamentliche Briefe, die Bibel überhaupt schließt mit dem Gnadenwunsch. Obwohl das letzte Bibelbuch auf weite Strecken furchtbare »apokalyptische« Gerichte schildert, steht doch am Anfang und Ende dieses Buches die Gnade (Offb. 1, 4; 22, 21). Und so schließt unsere Bibel mit dem Satz:

»Die Gnade des Herrn Jesus sei mit allen!«

Damit ist alles gesagt. Besseres kann man nicht wünschen. Die Gnade Gottes und Christi Jesu, uferlos weit und endlos lang, abgründig tief und himmelhoch, trägt und umgibt Tag und Nacht alle, die sie wirklich wollen. Sie schenkt Zuwendung und Erhörung, Vergebung und Erlösung, Rechtfertigung und Rettung, Trost und Hoffnung, Heiligung und Vollendung, Kraft zum Dienen und Leiden. Davon sollte in diesem Buch – bruchstückhaft und unvollkommen, eben weil die Gnade lebendig und uferlos ist und von keinem Schema, keiner Gliederung unsres ordnenden Verstandes völlig zu fassen ist – einiges bezeugt werden.

Die Gnade sei mit allen,
die Gnade unsers Herrn,
des Herrn, dem wir hier wallen,
und sehn Sein Kommen gern.

Auf Gnade darf man trauen,
man traut ihr ohne Reu;
und wenn uns je will grauen,
so bleibt's: Der Herr ist treu!

Damit wir nicht erliegen,
muß Gnade mit uns sein;
sie flößet zu dem Siegen
Geduld und Glauben ein.

Herr, laß es Dir gefallen,
noch immer rufen wir:
Die Gnade sei mit allen,
die Gnade sei mit mir!

(Ph. Fr. Hiller, EKG, Württ. Nr. 427).

Schlußwort

Der Aufforderung »Beweise mir Gott!« kann man zu entsprechen suchen, indem man hinweist auf Gottes Schöpfung, das Bibelwort, das Wirken des Heiligen Geistes, die Gemeinde Gottes, Gebetserhörungen, erfüllte Prophetie, Gottes Wirken in der Geschichte (vgl. das Buch »Und führet alles wohl?« vom gleichen Verfasser).

Es gibt aber noch einen weiteren sehr eindrucksvollen Gottesbeweis, den jeder, der aufrichtig und demütig vor Gott tritt, erleben kann: **die Gnade als Gottesbeweis!**

»Eil, es ist nicht Zeit zum Schämen! Willst du Gnade? Du sollst nehmen!« heißt es in dem Lied »Jesus Christus herrscht als König« (EKG Nr. 96). Ja, so einfach macht es uns Gott: Er bietet uns Seine Gnade an, und wir dürfen zugreifen. Abgesehen von Ausnahmesituationen des Gerichts, wo Gott zeitweilig »keine Gnade gibt« – davon war in diesem Buch die Rede –, darf es jeder, der nur **will,** erleben: Gott schenkt Gnade!

Rufe Ihn an! Probier' es aus! Bitte Ihn um Seine Gnade, Seine Zuwendung, den Zuspruch Seines Wortes, das Wirken Seines Geistes, um Vergebung, Rettung, Reinigung, Heiligung, und du wirst erleben: **Die Gnade ist Realität.** Der persönlich liebende Gott wendet sich uns Menschen zu. Dies tat Er auf Golgatha für alle, und dasselbe tut Er auch heute. Jeder Vertrauende kann es erfahren.

So schließe ich dieses Buch mit dem Segenswunsch:

Die Gnade sei mit allen!
Die Gnade sei mit Dir!

Weitere lieferbare Paulus-Paperbacks
im Paulus Verlag Karl Geyer

Bd. 2: Adolf Heller: **Gottes wunderbares weltweites Heil.** Vorträge nach Tonbandaufnahmen, 96 Seiten, DM 7,80.

Bd. 3: Dr. Paul Müller: **Unter Leiden prägt der Meister** . . . Vom Sinn und Segen der Krankheiten, Nöte und Rätsel des Lebens. 104 Seiten, DM 9,80 (4. Auflage).

Bd. 4: Adolf Heller: **Uns glänzt ein Licht in dunkler Nacht.** Gedichte, Lieder, Lebensbild von Adolf Heller. 108 Seiten, DM 9,80.

Bd. 5: Karl Geyer: **Ewiges Gericht und Allversöhnung.** 4. Auflage, 80 Seiten, DM 9,80.

Bd. 6: Heinz Schumacher: **Die Lehre der Bibel.** Im Rahmen der Heilsgeschichte dargestellt. 144 Seiten, DM 12,80.

Bd. 7: **Leben aus Glauben und Gnade.** Ausgewählte Aufsätze aus Gnade und Herrlichkeit (1950–1964). Von Adolf Heller, Karl Geyer, Adolf Köberle, Dr. Kahn. 96 Seiten, DM 9,50.

Bd. 8: **Begegnung auf dem Ölberg.** Die Referate einer jüdisch-arabisch-christlichen Begegnungswoche unter dem prophetischen Wort in Jerusalem. Referate von Dr. Falk, Schalom Ben-Chorin, Prof. Flusser, Naem Ateek, Friedrich Liede, Robert Schadt, Arthur Muhl und Gerhard Kühl. 96 Seiten, DM 9,–.

Bd 11: Robert Schadt: **Predigten über den Epheserbrief. (Band 1 mit zehn Sonntagspredigten über Texte aus Eph. 1, 3–2, 13).** 96 Seiten, DM 9,80.

Bd. 12: Wolfgang Jugel: **König David – König Jesus.** Berichte aus dem Leben Davids in prophetischer, symbolischer und erbaulicher Sicht. »Es gelingt dem Verfasser bis in Einzelheiten hinein, die wunderbaren Parallelen auf Christus aufzuzeigen« (F. Liede). 96 Seiten, DM 9,80.

Bd. 13: Robert Schadt: **Predigten über den Epheserbrief. (Band 2 mit zehn Sonntagspredigten über Texte aus Eph. 2, 19 – 6, 20).** 96 Seiten, DM 9,80.

Bd. 15: Dr. Paul Müller: **Du weißt den Weg für mich. Krankenandachten in Großdruck.** 5. Auflage, 80 Seiten, DM 7,80.

Bd. 16: Dr. Paul Müller: **Nimm mir, was mich quält – gib mir, was noch fehlt!** Ein Lehrbuch für Glauben und Seelsorge! 200 Seiten, DM 14,80.

Bd. 17: Rupprecht Bayer: **Christsein im Alltag – beglückende Realität.** 37 Betrachtungen, 80 Seiten, DM 8,80.

Bd. 18: Heinz Schumacher: **Jesus, der Retter, ist da.** Ein Gang durch das Erdenleben Jesu anhand der Evangelien Matthäus, Markus und Lukas. 200 Seiten, DM 12,80. Wer ist Jesus wirklich?

Bd. 19: Adolf Heller: **Zweihundert biblische Symbole.** 230 Seiten, DM 17,80. Ein wichtiges Nachschlagewerk!

Bd. 20: Rupprecht Bayer: **Gott spricht – wir antworten.** 80 Seiten, DM 9,80. Eine wichtige Hilfe zu lebendigem Christsein!

Bd. 21: **Unser 20. Jahrhundert im Lichte der Bibel. Ein Gang durch 75 Jahre (1907–1982).** Herausgegeben von Heinz Schumacher. 252 Seiten, DM 19,80. Ein hochinteressantes Werk!

Bd. 22: Heinz Schumacher: **Die atomare Bedrohung und der allmächtige Gott.** 160 Seiten, DM 17,80. Dem Verfasser wird die atomare Bedrohung unserer Tage zu einer Frage an Gott. In einer zwölffachen Schau Seines Wesens stellt Heinz Schumacher der atomaren Bedrohung unserer Tage den Gott der Bibel gegenüber.

Bd. 23: Karl Geyer: **Ich bin gewiß. Der Weg zur Heilsgewißheit.** 95 Seiten, DM 7,80.

Bd. 24: Heinz Schumacher: **Nächte voller Feuer.** Autobiographischer Roman aus den Jahren 1943–1947. 143 Seiten, DM 14,80.

Bd. 25: Dr. Paul Müller: **Unser Leben im Licht der Liebe Gottes.** 120 Seiten, DM 12,80. Im Mittelpunkt dieses Buches stehen sehr wertvolle Auslegungen von Römer 8; 1. Korinther 13 und 15.

Bd. 26: Heinz Schumacher: **». . . und führet alles wohl?«** Antworten der Bibel auf die Frage nach Gottes Handeln in der Geschichte. 224 Seiten, DM 22,–. Die Fragen nach Gottes oft so rätselhaftem Zulassen verstummen nie. Dieses Buch zeigt in einem großen Überblick 10 Prinzipien göttlichen Handelns.

Bd. 27: Rupprecht Bayer: **Große Gottesstunden.** Wirkungen des Geistes Gottes bei Gestalten der Heiligen Schrift und in unserem Leben. 144 Seiten, DM 14,80.